梦山书系

★ 全国幼儿教师培训用书

幼儿园自主游戏观察记录精选40例

王哼 ◎ 主编

海峡出版发行集团 | 福建教育出版社

图书在版编目（CIP）数据

幼儿园自主游戏观察记录精选40例/王哼主编．—福州：福建教育出版社，2024.7

ISBN 978-7-5334-9988-4

Ⅰ．①幼… Ⅱ．①王… Ⅲ．①游戏课－教案（教育）－学前教育 Ⅳ．①G613.7

中国国家版本馆CIP数据核字（2024）第107060号

You'eryuan Zizhu Youxi Guancha Jilu Jingxuan 40 Li
幼儿园自主游戏观察记录精选40例
王哼 主编

出版发行　福建教育出版社
　　　　　（福州市梦山路27号　邮编：350025　网址：www.fep.com.cn
　　　　　　编辑部电话：010-62027445
　　　　　　发行部电话：010-62024258　0591-87115073）
出 版 人　江金辉
印　　刷　福建新华联合印务集团有限公司
　　　　　（福州市晋安区后屿路6号　邮编：350014）
开　　本　710毫米×1000毫米　1/16
印　　张　14.75
字　　数　198千字
插　　页　1
版　　次　2024年7月第1版　2024年7月第1次印刷
书　　号　ISBN 978-7-5334-9988-4
定　　价　63.00元

如发现本书印装质量问题，请向本社出版科（电话：0591-83726019）调换。

目录

室内自主游戏

小班 / 003

快乐拼摆 / 003
趣玩乒乓球 / 008
开心游乐场 / 014
餐厅小老板 / 019
我们的玩具店 / 024
海绵的秘密 / 029

中班 / 035

奇妙的磁铁力 / 035
纸杯纸筒畅意玩 / 040
不一样的房子 / 045
垫子变形记 / 051
新疆帽和小跳蛙 / 057
爱心医院 / 062
老鼠娶新娘 / 068

大班 / 073

兔子快递吧 / 073
魔法便利饭店 / 078
我爱青花瓷 / 085
建龙舟 / 090
心目中的小学 / 096
探秘温度 / 102
趣味电路 / 108
我爱阅读 / 114

室外自主游戏

小班 / 121

玩出精彩 / 121

趣味玩轮胎 / 127

神奇小棒 / 132

快乐爬爬爬 / 139

保卫幼儿园 / 144

中班 / 150

竹林办家家 / 150

沙池引水 / 156

水上乐园 / 162

"骑"乐无穷 / 168

"圈"住快乐 / 174

趣味投篮 / 179

攀爬小勇士 / 183

大班 / 188

滚筒挑战 / 188

跑酷场诞生记 / 194

百变大炮 / 201

好玩的投掷球 / 206

烤地瓜 / 213

挖河建桥 / 218

我们的宝塔 / 224

室内自主游戏

小班

中班

大班

小班

❋ 快乐拼摆 ❋

游戏背景

生活区深受小班幼儿喜爱，他们能够在生活区认识厨具，对食物、调料进行辨色、辨味、辨形、辨数，并在认知过程中激发想象力。每天的游戏时间，幼儿们都会积极地参与生活区的游戏活动。

游戏地点

生活区

观察班级

小班

观察实录

拼拼摆摆

区域时间到了，幼儿们开始自选区域。

欣欣、谦谦首先来到了生活区。

谦谦拿起小勺子在碗里"搅拌"，拿起锅铲在锅里翻炒，又取小碗用勺子在锅中做"舀"的姿势，然后"倒"入碗中。

他的粥做好了，冲欣欣笑了一下，然后将碗端起来做"喝"的姿势。"喝"完后又用袖子擦了一下嘴巴。

谦谦对欣欣说："刚刚我做的粥特别香。"

而欣欣则专注地做着自己的事情。

谦谦又开始拿厨具敲敲打打，然后问欣欣："你要做什么吗？我们一起开饭店吧。"

欣欣正好穿着厨师服，笑着说："好呀！现在我们都是大厨师。"

欣欣从柜子上取下没吃完的橘子，剥开后，一瓣一瓣的放在托盘中进行拼摆。

她将橘子顺时针拼摆成一个大圆，"老师，看我摆的太阳。"

不一会儿她又剥了一个橘子，将餐盘的四周摆上橘子，对谦谦说："你看我摆的像不像一幅画？"

"真的挺像的。"

欣欣拿起橘子皮，将橘子皮撕成树叶般大小，"看，这是花的叶子。"然后将叶子放在"太阳"下方，变成了一朵小花。

她开心地说："看，我的橘子开花啦。"

她的声音吸引了众多小朋友的目光，其他小朋友纷纷从各个区域跑来，欣赏欣欣的作品。

得到小朋友们的赞美，欣欣很开心。

受到欣欣的启发，大家

纷纷讨论起来。

"我觉得可以用橘子皮制作小船。"

"柚子皮可以做出大船。"

"香蕉可以变成太阳公公，还可以加笑脸。"

幼儿们的想象力真丰富。

可是生活区里并没有足够的水果，乐乐跑到美工区拿来一些黏土，用黏土捏出一个个胡萝卜、草莓，吸引了其他幼儿的参与，大家制作出了很多作品。

幼儿们还选择出喜爱的作品，并为其赋予了情境性。

拼拼乐

捕捉到幼儿的兴趣点，教师投放了更多材料。

幼儿们热衷于拼拼摆摆，自由地创作。

阳阳说："我要拼出海鸥。"

他用玉米棒做海鸥的身体、石头做头、玉米皮做翅膀，就真的拼出了海鸥。

看到海鸥身边放着葫芦，玲玲问阳阳："旁边放着的葫芦是什么啊？"

"那是山呀，是不是很像？"他得意地笑着。

与此同时,森森趴在麻布上,正在认真地拼小人。

琪琪拿着材料换来换去,小伙伴着急了,问她:"你要拼什么呀?"

琪琪:"不要急,我要拼出'夏天',这样我们就可以划船了。"

幼儿们兴趣持续浓厚,游戏材料的花样越来越多,拼摆的场地越来越大,他们用不同材料创

造着。

幼儿们越来越喜欢在这儿放飞想象了。

分析评价

《幼儿园教育指导纲要（试行）》（以下简称《纲要》）指出：要为幼儿的探索活动创造宽松的环境，让每个幼儿都有机会参与尝试，支持、鼓励他们大胆提出问题，发表不同意见，学会重视别人的观点和经验；支持和引导幼儿的操作、摆弄、探究、交流等活动，引导他们通过自己动手操作发现事物的美，观察生活中的美。幼儿想象力丰富，天马行空，爱幻想，热爱一切美的事物，也乐于创造美。在拼摆游戏中，他们与材料充分互动，展示了一幅幅"美"的作品。从最开始的水果拼摆，欣欣用橘子拼出了一幅画，经过完善摆出了一朵花。受欣欣启发，幼儿们调动了极大的积极性，在考虑到水果材料不足的情况下，他们能够联想到使用美工区的黏土，充分表明幼儿愿意思考并有能力解决问题。

教师作为幼儿游戏的观察者、支持者，时刻关注幼儿们的需求，不断投放不同类别、品种的材料，支持幼儿的探索，让幼儿在自由选择、自主拼摆中充分发挥想象力，创造出一幅幅生动形象的作品，体验成功感，不断推进游戏向前发展。

下一步支持

1. 充分考虑幼儿的能力差异，适当投放材料。

2. 促进积极有效的师幼互动，鼓励师幼共同成长。师幼互动是双向构建的过程，它不仅使幼儿在积极的游戏活动中不断成长和发展，也让教师受到启发并使自身专业能力不断发展和提高。

江苏省宿迁市宿豫区帝景豪苑幼儿园　韩笑

✻ 趣玩乒乓球 ✻

游戏背景

近期，我们发现幼儿对圆形的物品十分感兴趣，圆圆的轮胎、圆圆的碗、圆圆的骨碟、圆圆的时钟、圆圆的脑袋……基于此，结合小班幼儿的年龄特点，我们在科学区投放了圆圆的乒乓球，希望借此引导幼儿对圆形的探究与学习。

游戏地点

科学区

观察班级

小班

观察实录

弹球入洞

区域游戏时间到了，科学区有很多圆形的物品，幼儿们已经探索了很多玩法。

琪琪和多多在研究小车的车轮。

琪琪："圆形的东西真神奇，可以滚动。"

多多："三角形的就不可以。"

玩了一会儿小车，他们发现了乒乓球。

琪琪拿起一颗乒乓球，放在手心里揉搓，说道："乒乓球好圆好滑啊，就像鸡蛋一样。"

多多去拿多个乒乓球，小手由于没有抓牢，有两个乒乓球落在地上，然后弹了起来。

多多："球弹起来了。"

琪琪也尝试将球朝地上扔去，乒乓球一个个弹起来了。

他们激动地把这个发现告诉一旁的悠悠和小露，还号召大家一起去玩扔球游戏。

多多说："我每次扔球，都会弹得很高！"

小露："你用了什么好方法让球弹这么高的呢？"

多多自豪地说："我扔得很重啊！我用了很大的力气。"

悠悠："我轻轻一扔，它没跳起来。"

多多："你使劲扔。"

悠悠和小露加大力气，球跳得高了一些。

原来，不同的力度会使乒乓球弹起不同的高度。

真好玩，大家玩得很开心。

琪琪被放在桌子上的蛋托吸引,她研究起蛋托里的小洞洞。

她喊来多多:"正好可以把小球放进小洞洞里。"

多多把乒乓球一个个放进蛋托的小洞洞里。

琪琪:"我们可以和刚刚一样,把球扔向桌面,让球掉入蛋托里。"

琪琪优先尝试,太轻了弹不起来,力气大了就弹跑了。

多多:"力气不能很大也不能很小。"

经过几次尝试,他们掌握了技巧,玩得不亦乐乎。

吸球大赛

有了上次玩乒乓球的经历,幼儿们还想继续发明新的玩法。

多多看着托盘里的乒乓球说:"我想到一个好玩的方法。"

琪琪:"是什么啊?我也想玩。"

多多回答道:"你看,乒乓球是圆的,你能把它吸起来不动吗?"

琪琪用小嘴对着托盘里的乒乓球吸气,可是球不但没有被吸起来,反而往前滚动了。

多多:"可以在吸球的时候深呼吸,多吸点气。"

于是两人继续尝试，可是还是没有把球吸起来。

琪琪想了想说："我们喝水壶里有吸管，用吸管吸就能喝到水，要不然我们用吸管试试吧。"

他们拿来两根细长的吸管，借助吸管尝试吸小球，还是失败了。

就在两人垂头丧气之时，悠悠拿来粗吸管说："你们试试这个。"

琪琪跟多多小心地将吸管口对准乒乓球，吸一大口气，乒乓球被吸了起来，可是很快就掉落了。

悠悠指出："吸管的一端是斜的，对不准乒乓球。"

琪琪："这是大人用的吸管，太长了，我们要用小朋友的吸管。"

悠悠将吸管斜切口的一端剪平。

多多继续尝试吸球，发现球能轻松吸起，但是持续时间短。

琪琪将吸管剪短，长度适合小班幼儿操作。

他们再次尝试吸球，终于能又快又稳地吸住乒乓球啦！

他们还邀请其他小朋友参与，一起进行了吸球大赛。

分析评价

从圆圆的物品引申到圆圆的乒乓球，再衍生出乒乓球的一物多玩，幼儿在此过程中始终处于主体地位，不断地在游戏中发现问题、解决问题，真正成为了游戏的小主人。

新投放的乒乓球，使幼儿参与游戏的兴趣高涨，他们通常会先通过摸一摸感知乒乓球的形状。当球不小心掉到地上时，意外地发现乒乓球能弹起来，继而有了后续的弹球游戏。幼儿的自主发现，是支持游戏不断向前发展的动力，在兴趣的支撑下，他们又玩起弹球入洞、吸球大赛，期间通过不断探索，掌握了游戏的要点，知道弹球入洞时力气不能很大也不能很小，吸球时要选择合适的吸管。游戏中的实践提高了他们的认知水平和游戏技能。幼儿在一步步改造吸管的过程中，探究能力也得到了一定程度的提升。

幼儿的游戏与学习蕴藏在一日生活中，一日生活皆课程，从圆形入手引申至乒乓球的一物多玩，可见及时观察与捕捉幼儿的兴趣至关重要。教师应成为幼儿学习的合作者、支持者和引导者，为幼儿创设自主游戏的环境并提供丰富的材料，帮助幼儿进行更深层次的探究。

下一步支持

1.提供多种材料，鼓励幼儿创新发明乒乓球的新玩法。家长资源是幼儿教育过程中必不可少的一环，为了拓宽幼儿的游戏深度和广度，可以发动家长资源，投放花样繁多、新奇的材料。

2.将幼儿游戏的精彩瞬间进行展示，并录制不同玩法的游戏视频，据此优化科学区的环境创设，让幼儿在潜移默化中学习与探究。

江苏省丹阳市埤城中心幼儿园　郦辉

开心游乐场

游戏背景

《纲要》提出：环境是重要的教育资源，应通过环境的创设与利用，有效地促进幼儿的发展。小班幼儿的区域游戏开展已经半年时间了，幼儿们的游戏水平都在原有的基础上有所提高，通过最初的单一的独自摆弄到游戏中可以有同伴的交流，有主题的延续，有情节的发展，有初步替代物的使用等，不断推动幼儿的游戏发展水平，其间精彩不断。

游戏地点

活动室

观察班级

小班

观察实录

游乐场开张了

游戏开始了，行行跑向班级门后面开始专心地翻着什么。

只见他拿了好多的大圈圈和小圈圈开始在门口附近摆着，然后又去拿了好多木块和梅花桩，又叫来玥玥和妍妍一起帮忙搬平衡板，摆成了一条路。

路摆好了，行行对着大家说："朋友们，我们的游乐场开张了。快来呀！快来呀。"

听见后，好多小朋友都开心地跑过来进行游玩。

但是"游乐场"挡住了其他区域的去路，馨馨说："我要去美工区，这我怎么过去呀？"

行行听到后，挠挠头，把堵在通道的圈圈撤掉了，大家也陆续去了别的区域游戏。

行行自言自语地说："下次我还要开游乐场，我开在小餐厅那里就不堵了。"

变换场地

新游戏开始时，行行、嘉嘉、浩浩要一起玩游乐场的游戏。

浩浩、嘉嘉拿起小木块和梅花桩要放在教室最中间的位置，行行连忙说："我们游乐场今天变地方了，我们开在餐厅的地方。"

于是浩浩和嘉嘉听取了行行的建议，选择餐厅的地方开始布置场地。

只见他们拿了圈圈、梅花桩、小木块铺在地上，变成了一条长长的路。

小伙伴们开始尽情地玩儿了起来。

几分钟后，他们开始逐渐地变化着场地路线，或是增加材料种类，玩儿得开心极了。

游乐场卖小吃

游戏开始了，行行、昊昊、萱萱几个人在小餐厅的位置开设游乐场。

这一次，大家用到的游戏材料更多了。

只见他们不仅拿着圈圈、梅花桩、小木块，还用到了小椅子和小桌子。

摆出他们想要的路线后,大家开始玩了起来。

不一会儿,行行想了想说:"外面凉快,走廊里也可以摆。"

于是,行行拿了两个蓝色的垫子和泡沫棒,把游乐场延伸到走廊里。

行行拿出类似于卡片大小的物品,说:"来到游乐场要先刷卡。"

大家按照他的意思进行游戏。

正在伙伴们玩得都高兴的时候,行行与浩浩拿着一个托盘和橡皮泥过来了。

超超问:"这是在干什么呀!"

浩浩说:"我点了点儿小吃。"

行行说:"我在给大家做吃

的，游乐场里可以卖。"

于是他们忙得不亦乐乎。

分析评价

游乐场游戏是幼儿自发地与空间、材料、玩伴相互作用的情境性活动。行行想到新主题，说明行行是一个有创造力和想象力的幼儿，他能够就地取材，创新地布置游乐园，还能够尝试着叫小伙伴一起玩游戏，说明行行有着很强的交往能力。在游戏过程中遇到拥堵通道的问题，馨馨能够大胆表达自己的想法，行行也能够接受不同意见，说明幼儿们具备了一定的表现力和协作意识。变换场地后，解决了道路拥堵的问题，不仅使游戏得以继续，还能够在游戏中变换器械的种类以及道路的线路位置，使游乐场更加有趣。后来还增加了桌子、椅子、刷卡机制，将游乐场的生活经验加入到游戏中，不仅扩大场地至走廊，还能创造性地制作、售卖小吃，无论是在游戏情节还是游戏材料的使用方面，他们的游戏水平都得到了更好的发展。

下一步支持

1. 组织幼儿进行访谈调查，更多地了解幼儿的意愿，便于后续投放合适的材料来推动幼儿游戏主题以及游戏情节的发展。

2. 注重游戏的交流分享，起到同伴经验辐射的作用。

上海市松江区蓝天幼儿园　郭明晶

✻ 餐厅小老板 ✻

游戏背景

《指南》社会领域指出：幼儿能根据自己的兴趣选择游戏或活动，幼儿愿意与人交往，能和同伴友好相处，具有自尊、自信、自主的表现。角色游戏是幼儿进行社会角色扮演，反映现实生活的游戏，深受幼儿喜爱，也是锻炼幼儿人际交往能力、语言表达能力、合作意识的有效方法。

游戏地点

角色区

观察班级

小班

观察实录

初次当老板

斯斯是今天餐厅的"老板"，斯斯来到餐厅以后，把橱柜往外搬了搬,把挂在侧面的小围裙拿来并找老师帮忙系上。系好后,斯斯去美工区的架子上拿了好几份"玉米",放进餐厅的橱柜中,然后喊道:"卖玉米咯!有没有人要买玉米呀?"

琳琳听到声音,抱着娃娃跑了过来。

斯斯问:"你要买玉米吗?"

琳琳点了点头。

斯斯蹲下去给琳琳拿了一盘玉米,一边笑着递给她一边说:"给,你的玉米!"

琳琳拿着玉米高高兴兴地走了。

斯斯继续喊道:"有没有人要买玉米呀?"

不一会儿,又来了一些小客人。

为了增加玉米品种的丰富性,斯斯又跑了几趟美工区,于是橱柜中有用超轻黏土制作的玉米、用纸球做的玉米以及用手指点画的玉米等,餐厅的生意很好。

去野餐

斯斯来到材料区挑选了一篮水果,转身时看到材料架旁边的垫子,她跑来问老师:"怎么多了这么多垫子?"

"给大家提供的,想想可以用垫子做什么?"

斯斯又跑去看了看垫子,还用手摸了摸,对旁边的小朋友说:

"我们去野餐吧！"

她拿起两块垫子放到地上，蹲下去沿着齿痕将两块垫子拼接起来。

旁边的淘淘、玲玲两人看到后，也抱来一些垫子给斯斯，和她一起拼接垫子。

斯斯开心地说："太好了！我们可以野餐了！"

又陆陆续续围过来三个小朋友，大家一起把家里的东西搬到了垫子上。

斯斯起身跑去自然角搬过来几盆绿植，笑着说："这样就像在野外。"

昊昊站在一旁轻轻地问："我能跟你们一起野餐吗？"

斯斯大方地说："今日大酬宾，可以免费参加野餐。"

大家很开心，还一起大声唱歌。

手机支付

野餐游戏给斯斯积累了很多人气，大家都乐意光顾她的小店。

再次游戏时，斯斯邀请诚诚入伙。

诚诚负责看店，她去采购。

斯斯去材料区翻了翻，拿了一些材料，觉得不够，一边拿出手机一边说："对了，我可以用手机去买东西，妈妈就经常用手机买东西。"

同时，她还在餐厅贴了付款码，顾客来吃饭就可以手机支付。

斯斯去小超市采购了一些物品，在回来的路上顺便购买了新衣服。

她推出了给顾客免费拍照的服务，来餐厅的客人络绎不绝。

分析评价

游戏材料与幼儿发展之间存在一种双向关系，材料的种类、特点能刺激幼儿的行为方式，而幼儿也会根据自己的需要选择操作材料的种类。开放性的非结构化材料本身就是多功能、多层次的，对材料做开放性的投放，能使幼儿在自主作用于材料的过程中，生发出各种玩法，充分发挥幼儿的想象力、创造性。

餐厅的"玉米"是由幼儿在美工区制作的,斯斯能够根据需要将制作完的玉米拿到餐厅,作为餐厅的游戏材料,进行买卖游戏,说明幼儿具有了一定的联想性,且能积极思考。游戏中斯斯能够热情、积极地用语言、行动招待客人,可见斯斯能够大方地与同伴用语言交流,并且能清楚地表达自己的想法。她通过对新材料的探索,发起"去野餐"的活动,促使游戏水平进一步提高。游戏中能够根据需要,使用手机支付,既是生活经验的再现,又是创新的表现,幼儿把生活经验进行了迁移,促使游戏向更高水平发展。

作为幼儿游戏的支持者,教师投放的开放性材料,为幼儿提供了自我表现与表达的机会,使幼儿成了游戏的主人,他们能够在游戏中进行各种创造性的活动,不断学习、成长。

下一步支持

教师要善于观察幼儿对材料的使用,根据幼儿的发展需要,及时调整材料;游戏后可以组织幼儿交流对材料的使用心得,便于其他幼儿学习同伴经验。

江苏省南京市五所村幼儿园 睢子欣

✻ 我们的玩具店 ✻

游戏背景

有一次在制订下周角色游戏计划时,丸子提出要开一个玩具店,他的提议马上得到很多幼儿附和。玩具店里卖什么呢?丸子与小伙伴张罗起来。

游戏地点

角色区

观察班级

小班

观察实录

玩具店初开张

角色游戏开始了,灯灯、奕奕、丸子开始搜罗适合玩具店的材料。

灯灯搬来了一筐个别化的辅助材料：小铃、彩泥的模具、扭扭棒、薯条包装盒、沙漏、拉拉队手环……他还向同伴介绍这些材料的用途，比如扭扭棒可以扭出不同的小动物。

悦悦来买玩具了，她选了一个彩泥模具问："这个多少钱？"

灯灯拿到收银机边上一放说："一块钱。"

悦悦付了钱拿走了玩具。

接着，丸子用磁力棒搭出了一辆车。

玩具多了后，由于玩具摆放得很乱，顾客在选玩具时需要不停地翻找。

灯灯："筐子要摆整齐一点。"

奕奕："可以把玩具放在地上卖。"

丸子看了看空间的布局，对灯灯说："我们把桌子翻过来吧。"

他们将长桌翻了过来，桌面靠着墙面，桌肚朝着外面。

奕奕拿来个别化闲置的筐，塞在桌肚里面，整齐地往上堆叠。

灯灯把玩具放置在筐子内，又拿来塑料盒放在筐子的上面。

丸子在塑料盒上面用磁力棒搭出长条状的玩具，之后又拿来网格靠在桌子边上，并用了一个游戏方格固定，不让网格掉落。

格局改造好后，他们开始营业，但生意一般。

玩具热卖中

为了丰富玩具的种类，几个小朋友带来了家里的小玩具。

小玩具放置在指定的位置后，涵涵、丸子开始尝试创作新玩具。

此刻，玥玥来买玩具了，她想要买辆玩具车。

灯灯马上过来说："你要哪一辆车，你自己选个颜色。"

玥玥说："那我要绿色的这辆。"

博博也来买玩具了，灯灯拿起一个金色的大瓶盖跟他说："这是奖牌，你要不要？"

"要！"说完博博买走了金牌。

接下来没有顾客光顾了，灯灯敲着小鼓出去宣传。

玩具店来了新顾客，但是没人接待。

奕奕也出门宣传去了，涵涵、丸子在创作玩具。

新顾客转了一圈就走了。

回来的灯灯看到有顾客走，跟涵涵、丸子起了争执。

奕奕回来后，大家明确分工。

涵涵、丸子负责创作新玩具，灯灯负责出门宣传，奕奕负责接待客人。

明确职责后，游戏顺利进行。

灯灯外出宣传吸引了很多顾客，奕奕忙着给大家介绍玩具，生意很火爆。

分析评价

角色游戏的主题一般来源于幼儿感兴趣的人物角色及生活经验，基于兴趣，幼儿们自发生成了玩具店游戏。对于自己提出的游戏主题，幼儿不仅兴趣大增，可以积极地投入到游戏中去，还能发挥想象力与创造力，使幼儿真正地体验到作为游戏主人的快乐，幼儿的自主性、创造性也可以得到充分的发挥。游戏中，他们能够通过布置格局、创作玩具、外出宣传引流，是幼儿的创造性在游戏中的表现。后来由于顾客流失，幼儿之间发生了争执，但是，孩子们想到可以通过明确分工解决问题，表明幼儿已具备了一定的合作意识。

由于幼儿的生活经验不够丰富，解决问题的能力有待进一步提升，教师不仅应深入观察和了解幼儿游戏现状，预测幼儿的发展水平，更要从幼儿的需要、兴趣、能力所及出发，把握游戏中的闪光点，及时地提供支持游戏发展的材料，有针对性地创设适宜的环境，适时适当地进行指导。幼儿在游戏中解决问题的能力不是一步到位的，教师可以将问题抛给幼儿，逐步提升幼儿在游戏活动中解决问题的能力。

下一步支持

1.注重引导幼儿发挥自己的想象力，充分做到以物代物，丰富游戏情节。

2.延伸游戏主题，使幼儿体验其他角色分工，让游戏向更高水平发展。

3.游戏后与幼儿积极讨论，让讲评成为提高游戏质量的阶梯。

浙江省海宁市实验幼儿园教育集团康桥幼儿园　占建凤

海绵的秘密

游戏背景

《纲要》指出：幼儿的科学活动应密切联系幼儿的实际生活，教师应充分利用幼儿身边的事物和现象作为科学探索活动的内容。海绵是我们生活中常见、常用的物品，它与我们的生活密切相关。海绵质地柔软，幼儿在进行触摸和对比时，能够直观地感知到它的柔软。同时海绵具有弹性，它在挤压发生变形后能恢复到原来的大小和形状。这一神奇的变化，对于小班幼儿来说有很大的探索空间。让幼儿在做做玩玩中自主探索科学奥秘，是幼儿获得科学体验、掌握科学知识的有效途径，在幼儿的眼里海绵是一个神秘的世界，它是一个谜，是一个讲不完的故事。

游戏地点

科学区

观察班级

小班

观察实录

海绵会变形

科学区中，幼儿们在分组操作着。

点点手拿着空瓶子，看了看瓶口说："这个海绵太大了，会不会藏不进去呀。"说着尝试将海绵塞进小小的瓶口里，但是进去了一点点，还有大部分身体在外面。

点点用手捏住海绵的一端，一挤压，海绵变小了，再一点一点塞进瓶口，终于，海绵全部塞进去啦。

点点开心地摇了摇手中的瓶子，说："它是软的，海绵塞进去变成原来的样子了。"

此时，月月听到后也看了看自己手中的瓶子，用小手伸进了瓶口里，将刚塞进去的海绵一点一点又给拉了出来，放在手心。月月笑着说："拿出来也变成原来的样子了。"

幼儿们在自主探索的过程中发现海绵是有弹性的，在挤压时能发生变化。

海绵会吸水

瑶瑶和珊珊来到科学区，她们想继续玩海绵。

瑶瑶说："这海绵好软呀。"

珊珊说："这海绵有各种形状的，像海底世界。"

瑶瑶:"那我们去取水来玩吧。"

珊珊朝盥洗室的方向跑了过去,她挽起袖子,打开水龙头,把海绵放在下面,海绵一下子就湿透了。于是她喊着:"看,海绵把水都吸进去了。"

这时,瑶瑶拿来了一个透明的空盒子,看了看珊珊手里的吸水海绵。

两人玩了一会儿吸水的海绵,然后给空盒子装水。

装满水后,她们一起回到科学区。

两人坐了下来,重新拿起海绵,放进盒子里,边放边指着海绵说:"它好像一个游泳圈呀,可以浮在水面上。"

珊珊把海绵从水里拿出来,捏了捏,水又从海绵里流了出来。

两人玩得不亦乐乎。

正玩着,珊珊灵机一动。她拿来一个塑料小蛋壳,在里面装了一点儿水,拿起一个干海绵去吸装在蛋壳里的水,然后举起蛋壳说:

"水被吸干了。"

得意之余,她们继续探索着。

沉与浮

再次相约来到科学区后,瑶瑶和珊珊继续玩吸水游戏。

这次她们搜罗了更多的材料,几乎把科学区里的材料都用上了。

她们先把海绵都扔进去,海绵照常浮在水面上。

接着她们扔进去小石头,但是小石头却沉下去了。

鲜明地对比,让沉浸在玩吸水游戏中的她们发现了新大陆。

瑶瑶:"等一等,小石头沉下去了。"

珊珊:"试试小磁铁。"

小磁铁也沉下去了。

然后她们又依次尝试了塑料蛋壳、木制小船,这些都能浮起来。

瑶瑶:"有的会浮在水面,有的不会。"

瑶瑶拿起小木船,将石头和小磁铁一起放在了木船上,木船依然漂浮着。

珊珊说:"它怎么还没有沉下去呢,这个小船轻轻的。"

瑶瑶:"我坐船的时候,船也没有沉下去。"

珊珊:"对,船上可以坐很多人呢。"

两人把东西从水里捞出来,又扔到水里,乐此不疲地再次玩起来,去解锁更多的新发现。

分析评价

《幼儿园3—6岁儿童学习与发展指南》（以下简称《指南》）科学领域指出：对周围事物、现象感兴趣，有好奇心和求知欲；能运用各种感官，动手动脑、探究问题；能用适当的方式方法、交流探索的过程和结果。

小班幼儿在区域活动中往往喜欢随意摆弄材料，他们在摆弄材料的过程中，逐渐发现海绵的弹性、海绵的吸水性以及沉与浮现象，足以说明幼儿的科学教育是幼儿主动探索、发现的过程，而不是被动接受知识的过程。小小的海绵被幼儿解锁了不同的小秘密，在探索的过程中，他们通过交流、观察、思考、再次尝试，不仅提高了观察力、想象力，也满足了幼儿的好奇心和求知欲，感受到了科学的神秘与魅力，激发了幼儿继续探索科学知识的兴趣。

游戏是幼儿的天性，创造是幼儿的本能，普通的海绵在幼儿眼中成了探索"世界"的工具，不断创新的玩法让海绵已完全超越了它们原有的、单一的功能，见证了幼儿们在自主游戏过程中的每一步变化与发展。

作为教师，要从欣赏的角度进行观察与倾听，发现每一个教育契机，以一种欣赏的视角观察幼儿的游戏动态，观察幼儿的语言对话、行为及遇到问题时解决问题的方法，而不是直接介入，阻断幼儿的想象力和创造力。幼儿的想法是自由天真且充满想象力的，教师应该向幼儿学习，用追随的心态看待幼儿的自主游戏，幼儿往往会带给我们许多惊喜。在自主游戏中，幼儿才是真正的主人，教师应该相信幼儿游戏的能力，学会放手，认同幼儿的游戏，放下成人的"我认为"和评判，学会站在儿童的角度看待问题，乐于追随幼儿的行为和想法，尊重幼儿的探索与发现，从"看见儿童"到"看懂儿童"，识别需求，让每一次学习自然发生。

> 下一步支持

1.引导幼儿将已有经验迁移,提高幼儿的游戏水平。

2.投放操作记录单,鼓励幼儿用图画的形式自主记录游戏时的操作情况。

江苏省南京市栖霞区西岗幼儿园仙林湖园　熊小婷

奇妙的磁铁力

游戏背景

益智区可以锻炼幼儿的思维能力，是幼儿进行科学探究与数学认知的有效方式，幼儿可以在益智区探究、发现，既可以满足他们的好奇心又可以发展他们的能力，幼儿时常在益智区有惊喜的表现。

游戏地点

益智区

观察班级

中班

观察实录

好玩的磁铁

区域游戏开始了，承承、格格、安安选择了益智区。
她们沉浸在自己的小小探究世界里。
突然格格喊起来："呀！快看！我的磁铁把小火车吸起来了。"

安安照着做，也把小火车吸起来了。

承承："我知道，因为这个地方有铁，所以就吸上去了。"

格格："对！吸铁石会吸住铁的东西。"

安安："我们的小黑板上就有磁铁，它就可以吸在黑板上。"

大家兴奋地围在小黑板前。

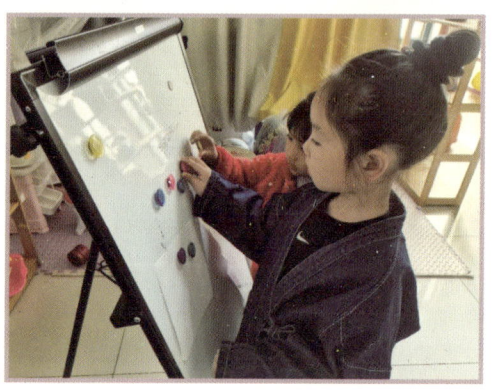

格格："真的耶！它可以吸在上面掉不下来。"

幼儿们摆弄着小黑板上的磁铁，一会儿放一张纸，一会儿放几张卡片，玩得起劲。

磁铁的好朋友

发现了磁铁的神奇，幼儿们开始琢磨着磁铁可以吸哪些东西。

他们找来了一次性纸杯、剪刀、硬币、雪花片、回形针、牛奶瓶、纸、塑料玩具、木质积木……

他们逐一进行尝试。

承承："大家看，可以吸住夹子。"

若若："还能吸住剪刀。"

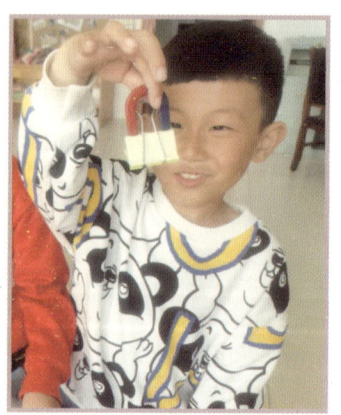

036

安安："还能吸住硬币。"

承承："雪花片就吸不住，可能它是塑料的吧！"

嘉嘉："对，磁铁不能吸塑料的东西，木头也不行。"

格格："回形针也能吸住。"

嘉嘉："我们喝水的杯了也不能。"

壮壮："这个纸也吸不住。"

嘉嘉："但是我能让这个纸吸住。"

嘉嘉的话引起了大家的注意。

安安："纸怎么还能吸住呢？它又不是铁的东西。"

"还是让我来给你们展示一下吧！"嘉嘉把两块磁铁贴在纸的两边吸在了一起！

大家不禁发出感叹声！

大家把自己的发现记录下来。

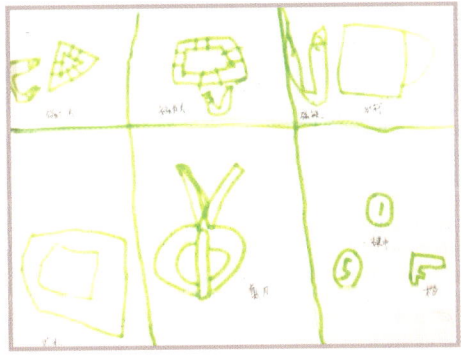

隔着东西吸

又到了区域游戏时间，经过上次的实验与探讨。幼儿们对磁铁隔着纸还能吸在一起的兴趣不断高涨。

若若和妍妍在益智区拿来一个棋盘，准备尝试一下隔着棋盘还能不能吸在一起。

"能吸能吸！哈哈哈哈……"游戏区传出了一阵阵惊喜的笑声。

幼儿们又进行了其他的尝试。

若若："隔着扇子可以吸在一起。"

妍妍："隔着调色盘也能吸住。"

壮壮："我这个隔着一本书也可以吸在一起。"

昊昊："我这个隔着纸杯不能吸住。"

安安："夹着纸杯使两个磁铁离得太远了。"

潇潇："这个木板怎么吸不紧啊？有一点点吸不住。"

嘉嘉："可能是板子有点厚吧，厚的东西就不能吸在一起。"

昊昊："那我们可以找一个大磁铁试一试。"

大磁铁确实能隔着板子吸在一起，但是再厚一点的东西就不能吸在一起了。

磁铁力会跳舞

下一次游戏时间，壮壮收拾材料由于太过心急，有一块磁铁没放好，结果发现这块磁铁在盖子上与盒子里的磁铁竟然隔着盒子吸在了一起。

壮壮："大家看，磁铁会隔着盒子吸在一起，我移动这个磁铁会带着那个磁铁一起动起来，就像跳舞一样。"

大家觉得很惊奇。

新一轮探究开启了。

若若："我能让这些硬币在扇子上跳起来。"

玲玲："我能让这个铁环在这个硬纸袋上跳起来。"

……

幼儿们很兴奋，成功的喜悦充斥着整个活动室。

分析评价

幼儿科学学习的核心是激发探究兴趣，体验探究过程，发展初步的探究能力。幼儿在探秘磁铁力游戏的过程中，通过观察、比较、操作、实验等方法，学习发现问题、分析问题和解决问题的方法，不断积累经验，并运用于新的学习之中，形成受益终身的学习态度和能力。在追随幼儿游戏的过程中，教师通过螺旋式上升图来呈现游戏路径，体现幼儿的游戏状态是持续发展的并向高水平提高的。教师应学会放手，充分相信幼儿，应用儿童的眼睛去看、儿童的耳朵去听、儿童的心去感受，最大化环境和材料对幼儿游戏的支持，为幼儿提供充足的游戏条件，能够有效观察和支持幼儿的游戏，推进幼儿在游戏中不断获得发展、提升能力。

下一步支持

开展与磁铁相关的主题活动，让幼儿系统地学习关于磁力的知识，提高认知能力。

山东省东营市河口区义和镇中心幼儿园　崔梅娜

❋ 纸杯纸筒畅意玩 ❋

游戏背景

生活中一次性纸杯很普及，用完后丢掉会很可惜，其实纸杯可以利用起来制作玩教具或者投放至区角开展区域活动，也是很好的手工材料。利用纸杯的特性，可以玩很多新鲜、有趣的游戏。

建构游戏是幼儿园游戏的重要组成部分，不仅能够促进幼儿的空间想象、抽象思维、动作技能的发展，还有助于幼儿养成协作互助、勇于挑战、独立解决问题等良好品质。美工区的纸杯被教师集中堆放在建构区的架子上，吸引了幼儿的注意力，建构区热闹了起来。

游戏地点

建构区

观察班级

中班

观察实录

随意玩

建构区投放了纸杯，幼儿们七嘴八舌地激烈讨论着。

阳阳："这么多杯子是用来做什么的呀？好多啊！"

大宝："纸杯可以用来喝水。"

霈霈："纸杯可以用来装东西。"

淘淘："我们不是用纸杯做过纸杯花吗？"

依依："老师为什么把这些纸杯放这里呢？"

昂昂："咱们用纸杯玩游戏吧。"

贝贝："好啊好啊。"

涛涛："我们可以用纸杯搭建喜欢的建筑物呀。"

幼儿们开始各自尝试，有的幼儿一遍遍将纸杯按照顺序进行排序，有的幼儿将纸杯倒放着进行简单地搭建，有的幼儿把它当做盛菜或盛饮料的器皿……

渐渐地，幼儿们开始尝试纸杯的各种连接方式，有的用杯口挨着杯口，有的用杯口挨着杯底，他们尝试了很多种连接方式。

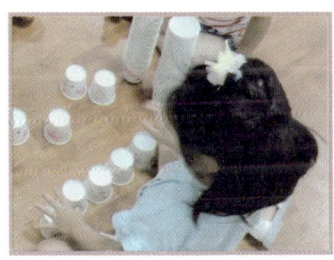  

畅意玩

在与纸杯进行多次互动后，幼儿们逐渐探索到纸杯的搭建技巧。教师投放了更多的纸杯和纸筒，材料多样。

幼儿大胆尝试用不同的方法进行建构，作品内容越来越丰富。从原来的简单堆叠到有主题、有目的的搭建，从独自搭建到合作搭建，从单一造型到多种组合。

1.从独自搭建到合作搭建

2.从单一造型到多种组合

3.从无意识搭建到有主题搭建

随着纸杯纸筒建构的深入开展，幼儿们对搭建活动的兴趣不减反增，超超提出大家一起合作搭建城堡，得到了大家的热烈响应。

在搭建城堡的过程中，由于搭得太高，幼儿有些够不着。

依依和玲玲搬来小椅子，使城堡更高了一层。

在城堡即将完成的时候，"哗啦"一声倒塌了，参与搭建的几名幼儿很生气。

昊昊："是谁碰到了吗？"

依依："可能是搭的时候太挤了，不小心碰到的。"

再次搭建时，幼儿们注意间距，垒高时小心翼翼地踩在小椅子上，有负责垒的、有负责递材料的……

最后，大城堡搭建成功，尽管看上去有些简单，但因为是大家一起合作完成的，所以每个人都很开心。

分析评价

《指南》提出，教育者应"给幼儿提供丰富的材料和适宜的工具，支持幼儿在游戏过程中探索并感知常见物质、材料的特性和物体的结构特点"。在活动中，教师不仅投放了简单的纸杯材料，还投放了不同的纸杯和纸筒，充分激发了幼儿的游戏热情，也给幼儿的游戏带来了更多的可能性。幼儿在游戏中进行排序、集合、合作，不仅学习了技能，还体验到与同伴共同搭建的快乐和成功感。

在与纸杯纸筒进行了多次互动后，幼儿们大胆尝试用不同的方法进行建构，作品内容越来越丰富。在开放、自主的游戏环境中，幼儿成为游戏的主人，建构水平得到进一步提高的同时，排序、语言表达、交往、创造性等学习活动也在游戏中自然而然地发生。他们解决问题的能力得到了进一步提升，遇到问题能够分析问题，合作分工，直到大家一起成功搭建出城堡。幼儿们在游戏中不仅搭建出了令人惊喜的作品，而且获得了不同程度的成长与进步。

下一步支持

1.投放一些辅助材料，让幼儿建构更加丰富的作品。

2.提供不同的参考图，让幼儿根据参考图建构各类作品，锻炼建构技能。

四川省成都市锦江区嘉祥英卓恩幼儿园 徐梦帆

❋ 不一样的房子 ❋

游戏背景

中班幼儿开始喜欢和同伴交往，在区域活动中会有目的的操作自己选择的材料，具有一定的探索、挑战精神。遇到困难能够勇于钻研，不轻易放弃。在游戏中，幼儿的各项能力得到了不同程度的提高。

游戏地点

插塑区

观察班级

中班

观察实录

未完成的作品

进区时间到了，然然来到乐乐面前，邀请她一起进插塑区。两人挂好区域牌后，乐乐去拿地垫，然然选择了"六角插塑"操作，将它放在了乐乐铺好的地垫上。

然然："我们做什么好呢？"

乐乐："不知道，看看卡片。"

说着两人拿起卡片浏览了起来，最终选定了目标"房子"。

然然："从屋顶开始吧，我们分工一下。"

乐乐："我来找插塑。"

然然："那我来拼。"

说着，乐乐开始从上往下的找出橙、红、蓝、深绿、浅绿、橙、紫、黄、绿、蓝，相应块数的六角插塑，然然拿着乐乐找出来的六角插塑，从上往下的开始拼屋顶。

乐乐一边观察然然拼插的情况，一边在然然快做完一层前，又找出下一层拼插屋顶的相应颜色的六角插塑。

然然每做完一层，都将屋顶翻过来检查。

出区时间到了，然然、乐乐的房子还没有建好。

然然："老师，我们的房子没做完，可以先不拆吗？等明天进区的时候，我和乐乐再完成它。"

教师："当然没问题，先放在展示柜上吧。"

三角形的房子

第二天进区时间，然然和乐乐手牵手一起来到了插塑区。

乐乐拿了地垫在地上铺好，然然拿着"六角插塑"和昨天完成的屋顶摆放在地垫上。

然然:"今天我们来做'柱子'和'围栏'吧。"

乐乐:"好啊。"

然然:"我来做'围栏'吧,你做'柱子'。"

说完两人便行动起来了。

乐乐做完支撑房子的四根柱子,看到然然还在拼插第一条"围栏"。

乐乐:"你是不是做的太长了?"

然然听后,看了看图片,又看了看自己做的,然后拆掉了几个。

接着然然根据自己拼的第一个,做出了四个一模一样的蓝色条形围栏。

他们将做好的"柱子"和"围栏"拼在一起。做成了正方形的形状。

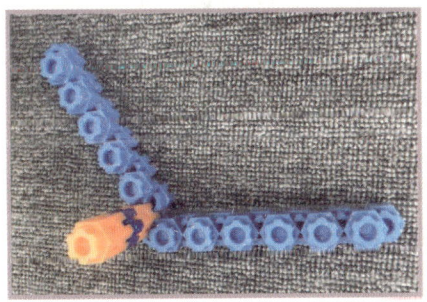

紧接着,他们遇到了问题。之前做的屋顶是三角形的,与做成的正方形底座不匹配。而且屋顶小,底座大。

然然:"那我们把柱子先装上去,再装围栏吧。"

但是四根柱子怎么也找不

047

到合适的位置。

他们重新看了看图片上是怎么做的。

原来屋顶因为角度原因,四个面才会被看成三个面,导致下面无法拼接。

乐乐:"拆掉重新拼吧。"

然然:"拆掉太可惜了,我们可以做成三面的房子呀。"

乐乐:"好。"

在两人的创新下,房子由四面变成了三面。

做完后,然然看了看说:"我们做两层吧,这样房子会更高些。"

说着两人就动手操作了起来,第二层楼搭得相对顺利一些。

多层楼房

游戏开始后,然然与乐乐相约再次去插塑区。

然然:"我们可以搭更多层楼,这样就可以住更多的人了。"

乐乐:"那我们搭三层。"

然然:"我想做四层。"

说着两人就开始动手了。

但是每次抬起房子脚往下放插塑时,上面的部件会散掉导致不得不重新安装。

乐乐:"哎呀,又松掉了。"

然然:"没关系,我们可以拼上去。"

就这样在一拼一掉的情况下,两人继续着手中的操作。

完成三层楼的搭建,第四层楼搭建得相对顺利。

四层楼搭好后,考虑到房子的稳固性,他们开始检查,发现有些楼层的围栏拼得不整齐,于是然然扶住房子,乐乐进行调整。

作品完成后,他们兴高采烈地把作品放到展示台,与大家的作品一起展示,供小伙伴们欣赏。

分析评价

在拼插塑房子的过程中，然然和乐乐表现出了高度的配合，一开始是一个人找合适的插塑，另一个人负责搭。尽管一开始没有完成屋顶的搭建，但申请保留作品下次游戏时继续搭建。搭建过程中，他们发现搭错屋顶后并没有慌张，而是冷静地接受现状，然后创意地搭出了三角形的房子，之后更是搭出了四层的三角形楼房。作品完成后，他们还细心地进行检查，发现问题后和伙伴及时调整，最终将成熟的作品展现在了大家眼前。整个过程中，幼儿表现出了较强的合作意识，专注、善于思考、遇到困难勇于尝试的同时，会为自己及同伴加油，这些优良的品质是值得学习和肯定的。

游戏是幼儿最佳的学习方式，他们会在游戏中主动学习、探索，发挥聪明才智。作为幼儿游戏的支持者，教师要做好幼儿游戏的观察工作，捕捉幼儿的闪光点，关注幼儿的需求，给幼儿提供足够的材料、空间，让幼儿尽情地自主探究，在解决问题的同时体验成功的喜悦。

下一步支持

创设轻松、自主的游戏环境，尊重幼儿的想法，认同幼儿的创意，引导更多幼儿发挥想象创作出不一样的作品。

广东省深圳市南山区朗麓家园第一幼儿园　许悦

✳ 垫子变形记 ✳

游戏背景

《指南》指出：要最大限度地支持和满足幼儿通过直接感知、实际操作和亲身体验获取经验的需要。中班幼儿喜欢玩建构游戏，且经验已经很丰富，教师为他们提供了新材料——泡沫垫，希望幼儿能够进一步发挥想象力，表现出创造力，积极主动地思考与学习。

游戏地点

建构区

观察班级

中班

观察实录

泡沫垫初体验

区域游戏时间开始了，安安来到建构区，一直在摆弄新增加的材料——泡沫垫。

10分钟后,她搭了一个简易的"家",然后邀请豪豪和沫沫:"你们要来我的家玩吗?"

豪豪说:"你的家太小了,我们三个人坐不下。"

这时,茗茗、阳阳、浩浩也拿来几块泡沫垫,对着大家说:"咱们一起搭建一个大房子吧。"

于是他们开始一起"建房子"。

在房子即将搭好时,浩浩走到"房子"里面说:"我来试试这个房子够不够高,会不会倒。"

安安说:"浩浩,你等一下,里面空间有点小,等我再加几块,你再进来。"

房子建好后,还是小了,容不下太多人,他们只能轮流去里面聊天。

然后其他幼儿则用垫子玩起了别的游戏。

他们一会儿搭出个长方体柱子玩钻爬游戏,一会儿又组成正方体说是电视机。

泡沫垫升级

再次游戏时,沫沫拿了几块泡沫垫和奶粉罐。

他先把泡沫垫搭建成正方形的建筑,再把奶粉罐放在垫子前端,又拿来三根长形积木依次放在奶粉罐上。

寻寻靠近沫沫说:"沫沫,你在搭什么?"

沫沫说:"我在搭一辆车,等会儿可以拉大家出去玩。"

寻寻说:"你还需要什么积木吗?我帮你去拿。"

沫沫说:"帮我拿几个三角形积木。"

另一边,浩浩、阳阳在搭建生日屋。

生日屋搭好后,他们给玲玲过生日。

玲玲:"怎么没有蛋糕?"

浩浩拿来一些积木,很快生日蛋糕就搭好了。

生日过后,玲玲还细心地整理着生日屋。

百变泡沫垫

游戏开始后,成成拿了7块垫子,他先将5块垫子拼搭好,用第6块垫子封顶,封了一半,他又将顶端的垫子拿下来,卡在另一块垫子接口处,尝试让垫子立起来,试了两次,第三次成功地将两个垫子斜着拼成一个三角形。

另一边,茗茗、彭彭先用泡沫垫围成一个正方形的地基,又拿来四块木板对称架在地基的四个角。接着,在木板的基础上加上了酸奶箱子,并在四个箱子上面一一对应放上了Y形和三角形的积木。

成成把自己的作品摆在这个建筑的旁边说:"这个是信箱。"然后拿来一些积木摆放在建筑的最前面,边摆边说:"这里还有马路。"

建筑完成后,茗茗开心地向大家介绍起来:"这是我们的农

场，我们的农场里可以养小鸡，中间的建筑是给我们休息的地方。"

参观完农场，辰辰说："我要在旁边搭一个鸡肉加工厂。"

琪琪拿来一些雪花片，在辰辰的旁边搭起商店，她说着："这样我们就可以卖鸡肉了。"

分析评价

游戏中，幼儿从最初对材料的简单摆弄，到熟悉材料的特点进行组合，再到最后持续性、专注地投入到游戏中，一步一步推进了游戏的深入。生日屋的经验迁移，说明幼儿能够结合自己的生活经验丰富游戏情节，乐于积极思考。农场的搭建，使幼儿们的围合、对称、架高等搭建技能进一步得到提高。鸡肉加工厂、商店的创意搭建，说明幼儿的思维能力有一定增强。在整个过程中，他们既有个人的优秀表现，又有团队合作，真正成为了游戏的主人，他们在游戏中不断创造、发展，享受着精彩的快乐童年。

作为教师，要为幼儿创造宽松的游戏环境，做到眼中有幼儿，及时发现幼儿的兴趣点，相信幼儿的能力，并通过提供"鹰架"的支持，认真观察、记录幼儿每一次的"哇"时刻，学会等待与欣赏幼儿，倾听幼儿的声音，让幼儿做游戏的主人，在观察记录的同时与幼儿一同成长。

下一步支持

1.引导幼儿使用泡沫垫与更多材料进行组合,搭建更加丰富的作品。

2.引导幼儿学会欣赏别人,向同伴学习,充分利用同伴之间的影响力。

3.引导幼儿通过多种形式表达搭建中遇到的问题和解决方法,提高表达能力。

江苏省丹阳市埤城中心幼儿园 朱洁

❋ 新疆帽和小跳蛙 ❋

游戏背景

中班下学期,幼儿园开展了"我自豪我是中国人"的主题活动,各班幼儿对我国各地风俗文化有了一定的了解。主题活动结束后,幼儿们对新疆帽保持着兴趣,他们在美工区自发探究起新疆帽的折纸游戏,教师抓住幼儿们的兴趣点,为他们提供了丰富的材料和折纸步骤图,供幼儿们自主探索。

游戏地点

美工区

观察班级

中班

观察实录

折纸新疆帽

幼儿们动手铺好桌布,拿来工具筐,开始选择自己想要的材料。

他们看着步骤图开始折起来。

但是很快他们就被难住了。

玲玲说:"好难啊。"

依依也皱着眉头小声嘀咕:"这个怎么折啊?"

他们不断尝试,几次不成功后,开始有幼儿放弃了。

昊昊去找老师:"老师,那个步骤图看不懂。"

确实困难,教师将平面步骤图改为立体步骤图,并简化了步骤。

幼儿们根据老师的折痕反复探究。

璐璐是第一个折成功的,她开始指导大家操作。

其他幼儿也逐渐学会了折新疆帽。

当小朋友们熟练掌握了折新疆帽的方法后,还把折好的新疆帽戴到展示板"穿旗袍的女人"的头上,看起来很有意思。

他们想寻找不一样的纸，包装纸、卡纸等来制作不一样的新疆帽。

涵涵："这个纸亮晶晶的，真好看，我要用这种纸！"

佳佳："我的纸好硬啊！"

幼儿们通过操作、感知、比较，折出了不同的新疆帽。

吴吴："我想要一张大纸，可以戴在自己的头上。"于是，他找来了大卡纸。

璐璐："太硬啦，好难折啊！"

吴吴："慢慢折，肯定能折好。"

最后，他们终于折好了大帽子，戴在头上跑来跑去并找小朋友炫耀，很开心。

快乐的小跳蛙

幼儿们用纸折新疆帽越来越熟练，后来开始装饰新疆帽，热情一直高涨。

他们戴着装饰过的新疆帽，玩起扮演游戏，游戏中有幼儿提到了小跳蛙。

他们没有找到小跳蛙的道具。

吴吴说："这里有这么多纸，我们可以折小跳蛙啊。"

"好啊，好啊。"大家都赞同。

璐璐之前是第一个学会折新疆帽的，这次她又带领大家折小跳蛙。

璐璐："老师，你能在网上给我们找一个折小跳蛙的步骤图吗？"

"可以啊。"老师爽快地答应了。

有了折小跳蛙的步骤图后，幼儿们跃跃欲试。

他们很认真地投入其中。

诚诚成功折出小跳蛙后,就去帮助同伴,大家学得很认真。

小朋友折好小跳蛙后,发起了比赛,琢磨着怎样可以让自己的小跳蛙跳得远……

玲玲:"我的小跳蛙老转圈。"

昊昊:"你弹一下,它就会跳了。"

幼儿们逐渐找到了方法,一场好玩的比赛开始了,充满了欢声笑语。

小跳蛙比赛结束后,他们继续前面未完成的新疆帽与小跳蛙的表演游戏,精彩不断……

分析评价

幼儿喜欢动手操作,对折纸活动兴趣浓厚。虽然折纸过程有难度,但同伴间的启发、引导,形成了良好的自主探究与学习的氛围,使幼儿乐于接受挑战，并在一次次的挑战中形成了很多优秀的学习品质。他们从一开始学习折新疆帽，到选择多种材料折新疆帽，再到后来折小跳蛙，每次遇到困难他们都没有放弃，主动寻求教师的帮助，能力强的幼儿主动帮助其他幼儿，大家一起探索，使每个问题都得到了解决。在此过程中，幼儿不仅体验了成功的喜悦，还增强了自信心。同时证明，同伴间的相互影响可以带动幼儿自发、专注、持续的学习行为。

教师是幼儿游戏的观察者、引导者、支持者。游戏中教师根据幼儿的能力层次以及需求，及时跟进，随时调整策略，同时根据幼儿的求助给予积极的回应与支持，并以接纳的心态接受幼儿自发的游戏。教师要学会等待，给幼儿自我成长的空间和时间，而幼儿在充分体验自主游戏快乐的同时整体素质也得到不同程度的提高。

下一步支持

1. 提供多种纸张材料供幼儿自主选择，便于幼儿反复操作，让幼儿游戏不断深入发展。

2. 提高同伴间影响力的作用，带动更多幼儿积极投入游戏中，让大家的能力都能得到发展，获得进步。

3. 不断注入新鲜的材料、观念、指导方法等，推进幼儿游戏的再创造。

4. 激发幼儿的想象力和创造力，衍生出多种形式的美术作品。

山东省济南二机床集团有限公司幼儿园　张秀丽

爱心医院

游戏背景

幼儿们从小班开始就玩各种角色游戏，小班幼儿喜欢娃娃家，中班幼儿喜欢更具挑战性的角色游戏，时常在角色游戏中体现出他们的生活经验，在体验各种角色特性的同时提高自身的游戏水平。

游戏地点

角色区

观察班级

中班

观察实录

我想当小医生

区域游戏时间到了，今天的爱心医院看起来比较忙，门口已经排了好长的队。

涵涵和浩浩在商量谁做医生谁做护士。

涵涵："我来当医生。"

浩浩："我也想当医生。"

涵涵："外面已经有人在排队了，快一点儿吧。"

浩浩："可是我想当小医生。"

涵涵："那我们猜拳决定吧。"

浩浩坚持："我妈妈是医生，我知道医生怎么看病。"

涵涵："我也去看过病。"

浩浩："我妈妈教过我看病的注意事项。"

"有医生吗？什么时候可以看病啊？"有人开始催起来。

经过一番商量，涵涵妥协了，他穿着护士服走了出来。

浩浩开始给排队的病人看病。

第一个人看完病需要去缴费，但是不知道去哪儿缴费，待在原地。

轮到琪琪时，琪琪对护士涵涵说："我有点不舒服。"

涵涵："你哪里不舒服？"

琪琪："我牙疼。"

涵涵拿起手边的小工具给琪琪做起了检查，然后对琪琪说："你的牙齿里面有个很大的洞洞，需要把这个洞补起来，你的牙就不疼了。"

经过琪琪的同意后，涵涵让琪琪先去交钱。

琪琪："去哪儿交钱啊？"

涵涵意识到缺少收费的人，加上排队又很长，他与浩浩商量招人。

很快就有小朋友应征，问题得到解决。

琪琪拿着缴费的单子给涵涵看了看，涵涵把琪琪引到浩浩跟前，然后快速的帮浩浩准备工具。

浩浩很快帮琪琪把牙齿的洞洞给修补好了。

涵涵在旁边不忘提醒："你平时要好好刷牙呀！"

这个需要做手术

一直排队的晨晨有点等不及，催促道："什么时候才轮到我呀，我肚子疼的不行了，有没有医生呀？"说着喊叫了起来："医生，医生，我肚子疼。"

涵涵说："这就给你看，来，你先坐在椅子上。"

浩浩走过来，先问了问晨晨的情况，然后给晨晨量了量体温，接着让晨晨张开嘴巴检查了一下。

浩浩对晨晨说："体温是正常的，我看看你的肚子，肚子哪里疼呢？"

晨晨手指着肚子："就这里。"

浩浩看了看，用手去按了按晨晨的肚子

说：“这里疼吗？这里呢？”

经过一番询问后，浩浩说：“你这个情况有点严重了，是急性阑尾炎，需要做个小手术才能好。让你的爸爸先去交钱，然后你跟我走吧！”

浩浩将晨晨带到了手术室：“来，你先换一下这个手术的衣服，然后躺下，等一会儿给你做手术，不要害怕，很快就会好的。”

涵涵给晨晨进行了手术前的检查，之后说：“检查完毕，一切正常。”

浩浩假装拿起肥皂将自己的手洗了洗，然后用酒精的空瓶子在手上喷喷消消毒。接着他用棉签棒给晨晨的肚子做了消毒，然后拿起手术刀，便专心的给晨晨做起了手术。

手术过程中，浩浩急切地说：“涵涵，快，给我棉签棒。”

涵涵说：“没有了啊！怎么办？我们的棉签棒用完了。”

浩浩镇定地说：“不要慌，你去那边的美工区借一包来用，先把这个手术做完。”

听完，涵涵就赶紧跑向了美工区，借到后立马跑回了手术室。

浩浩接过棉签棒，继续做手术。

手术做好了，浩浩开始给晨晨打点滴。

但是没有挂点滴瓶的架子，于是叫来瑞瑞帮忙，让瑞瑞帮他拿住点滴瓶子，他假装将针戳进晨晨手面上，然后用胶带做了固定。

他交代晨晨：" 会儿就好了。”

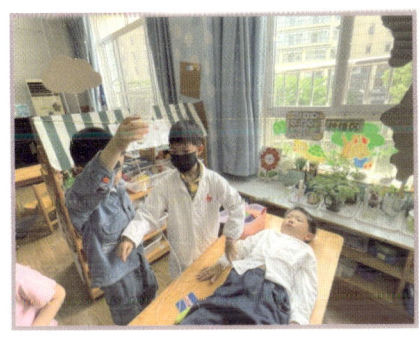 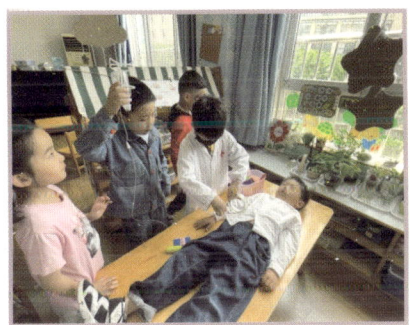

然后他去给其他病人看病。

过了一会儿，浩浩走过来询问："现在感觉怎么样了？是不是不疼了？"

晨晨点点头，笑了笑。

打完点滴，浩浩取下晨晨手面上的针，不忘嘱咐："回家以后要注意多休息，不要吃冷的食物。"

晨晨说："好的。"

浩浩提醒："下个星期再来复查一下就可以了，要记得按时吃药哦！"

涵涵送晨晨出去后，两人又开始忙碌起来。

分析评价

中班幼儿具备了较强的角色意识，在角色游戏中能够再现生活经验，表现得与生活息息相关。在爱心医院的游戏中，幼儿们表现出了很强的自主意识与独立意识，浩浩在不与涵涵起冲突的情况下，坚持当小医生，并以自身的优势说服了涵涵。虽然平时生活中幼儿们也都有去医院看病的经历，知道看病的基本流程，但浩浩由于医生妈妈的影响，耳濡目染，在玩爱心医院的游戏时就显得比其他小朋友更得心应手，精彩地再现了看病的基本流程与细节。浩浩平时也是一个善于动脑的小朋友，所以在给晨晨做手术时遇到棉签没有了这个问题，他表现得沉着冷静，想到区域联动的方法，让涵涵去美工区借用棉签来解决问题。游戏中的涵涵，虽然是配合者，但他能够认同浩浩的"专业性"，且认真负责地做着配合者的工作，说明这个年龄段的幼儿能够认同同伴的特长、欣赏同伴的长处，虽然做着配角，但也是积极主动的学习者，在游戏中学习交往、协作，不断提高游戏水平。

作为教师，要做到眼到心到，用心观察幼儿的游戏情况，发现问题，及时调整，为幼儿提供合适的、丰富的、足够的游戏材料，促进游戏向更高水平发展。

下一步支持

1. 及时组织幼儿进行分享交流，增强幼儿的游戏经验和游戏行为，使游戏内容变得更加丰富。

2. 引导幼儿遇到问题能够巧借其他物品代替使用，提高解决问题的能力。

3. 游戏中引导能力强的幼儿帮助能力弱的幼儿，使每个幼儿都有不同程度的发展。

江苏省无锡市通江实验幼儿园　丁苗苗

老鼠娶新娘

游戏背景

中班下学期，我们班开展了为期一个半月的"我爱皮影"主题活动。随着活动的深入开展，幼儿们越发喜欢上了皮影的制作和游戏，他们能运用材料制作只有一根操纵杆的皮影道具，并在幕布前进行简单的皮影表演。由于幼儿们对表演游戏的兴趣浓厚，他们经常会按意愿独立的确定游戏主题。在学习了《老鼠娶新娘》故事后，他们被里面热闹的场景所吸引，纷纷表达了想要表演的意愿。他们自制《老鼠娶新娘》里的角色皮影，进行了一次皮影表演，但意犹未尽，想要尝试更多的表演形式。

游戏地点

表演区

观察班级

中班

> **观察实录**

有趣的舞台表演

区域游戏开始了，表演区里乐乐把手绢盖在头上说："你看我像新娘子吗？"

畅畅说："像，要是有漂亮的衣服就更好了。"

坤坤说："我们可以制作服装啊。"

……

幼儿们在你一言我一语的讨论着，用绘画表征的方式列出道具清单。然后根据清单寻找一些表演服饰和道具。清单中没有找到的道具，幼儿们决定自己制作。

洋洋会剪双喜，浩浩思考着如何给乌云的衣服加个袖子……

幼儿们通过小组协商、分工合作，一件件道具呈现出来。

道具做好后，幼儿们开始了迎亲表演。

新娘盖上红盖头，坐进花轿，两只小老鼠边抬花轿边念着儿歌："一月一，年初一。一月二，年初二……"

表演现场有抬花轿的、有拍打乐器的，场面十分热闹。

人气爆棚的舞台表演

伴随着新一天的开始，幼儿们的游戏也发生了变化。

淘淘对然然说："昨天我们的表演可精彩了，好多小朋友都没看到，真可惜。"

然然说："我们可以去邀请一些人啊。"

于是然然跑去邀请人，在然然的邀请下，三个小伙伴来到了表演区作为小观众。

淘淘看到小观众坐在地板上，很贴心地给他们搬来了小椅子，请观众坐下看表演。

彤彤拿着喜糖盒给小观众一人发了一杯饮料，观众们一边喝着饮料一边观看演出。

随着观看人数的增多，演出场地变得越来越小，以至于表演无法正常进行。

琪琪说："可以把座位安排的少一点。"

融融说："可以少邀请几个人。"

调整后，游戏又开始了。

没一会儿，有些小朋友不请自来。

面对这种情况，仪仪说："我妈妈带我去看演出时都要买票的。"

室内自主游戏 中班

佳佳与莉莉从美工区拿来纸和笔,设计了演出票。

宁宁补充:"还要画上鼠新娘和新郎。"

演出票设计好后,涵涵逐一发给被邀请过来的小观众,游戏得以顺利进行。

分析评价

游戏是不断探索新行为的过程,幼儿在游戏中往往不满足于已达到的行为水平,总是尝试略高于自己原有水平的新行为,从而获得新的经验。《指南》指出:幼儿在与同伴交往的过程中,不仅在学习如何与人友好相处,也在学习如何看待自己、对待他人,不断发展适应社会生活的能力。纵观游戏过程,幼儿们的表现体现了他们在游戏过程中的学习和发展。幼儿成为了学习的主人,创造性、自主性得到了充分提升。

在游戏内容选择、人物角色分配、游戏情节深入等过程中,幼儿学会了换位思考。在兴趣和问题的驱动下自主学习,寻求解决办法,潜移默化间他们发现问题、思考问题、独立解决问题的能力大幅度提升。游戏中他们互相协商游戏规则、情节、出场顺序,自主推进游戏

071

进程。随着游戏的开展，活动内容变得丰富而精彩，幼儿能够真实再现其生活经验，结合平常看演出的经历设计出演出票，并能大胆运用自己的方式创造性的表征票面内容，体会标识、文字符号的用途，说明幼儿的观察经验在不断丰富。

作为教师，要有一双善于发现幼儿活动生长点的慧眼，从幼儿自由自发的表现中发现幼儿的兴趣，满足幼儿的需求，促进他们思考、游戏、尽情的表达和表现。虽然幼儿的游戏具有随机性、不确定性、矛盾性，但教师要信任幼儿，允许他们在与同伴、材料的互动中不断成长，支持幼儿的自主游戏走向深度学习。

下一步支持

开展《老鼠娶新娘》故事创编活动，支持幼儿把更多有趣的故事搬上舞台进行表演。

山东省济南二机床集团有限公司幼儿园　李茹茹

大 班

✻ 兔子快递吧 ✻

游戏背景

随着时代的进步与发展，互联网技术越来越普及，网上购物已经成为我们日常生活中必不可少的购物方式，与此同时，存放包裹的快递驿站也随着线上购买力的增大而不断增多。幼儿们在生活中会经常跟着家长去快递驿站领取包裹，在班里会和同伴聊天并知道自己的一些物品是爸爸妈妈从网上买来的，在角色区活动时也会进行关于快递邮寄的角色游戏。经过对快递驿站的多次了解，幼儿们有了建构"快递吧"的想法。

游戏地点

建构区

观察班级

大班

观察实录

初次搭建"快递吧"

几名幼儿相约来到建构区,为想要搭建的"快递吧"设计图纸。

果果:"我去过快递超市,里面有很多架子,能放很多的快递包裹。"

梓梓:"还有大门,我要搭一个好看的大门。"

莯莯:"快递超市里还有电脑和收银台。"

心心:"可以在我们的快递超市里摆一些好看的小花。"

幼儿们兴奋地讲述着自己心仪的快递超市,并画了出来。

他们分享了自己设计的快递

超市图纸后,跃跃欲试,都想大展身手。为了统一目标,他们推选出比较合理的设计图纸,开始建构起来。

由于目标明确,所以搭建起来也很快,但是搭建的大门总是倒塌。

馨馨:"我们搭的大门一直倒。"

萱萱反复查看后说："大门太高了，不稳就倒了。"
小季："积木也很细。"
小任："可以把门搭得矮矮的。"
宸宸："柱子要粗一点。"
瑞瑞："我们可以换成奶粉桶当柱子，把奶粉桶摞在一起。"
游戏结束后，他们把解决问题的办法进行了记录留存。

二次搭建"快递吧"

在第二次搭建快递超市时，幼儿们针对之前出现的问题——解决，开始了新一轮的搭建游戏活动。

这次在搭建大门的过程中，大门的稳定性加固了，甚至还添加了门铃以及其他的装饰性物品。

昊昊对这次的搭建作品并不满意，他觉得"快递吧"太小了，放不下几样东西。

依依说："那我们搭建一个大的吧。"

昊昊："可是没有东西可以用呀。"

幼儿们看向教师，教师记下了幼儿们的需求。

第三次搭建"快递吧"

为了给幼儿提供充足且丰富的材料，教师发动家长一起提供材料，扩充了班级里的"材料储备库"。幼儿们还创意地选择了几种物品充当包裹，展现了丰富的想象力。

在搭建的过程中，慧慧充分发挥了小组长的作用，利用自己经常去快递驿站的经验，给大家提供了很多实用的想法。

涵涵："我要搭一个可以扫码的机器。"

朵朵："那要怎么扫呀？"

慧慧："把包裹放在机器的下边就可以了，机器还会响呢！"

朵朵："包裹上都有快递单号的。"

快递单号把大家难住了。

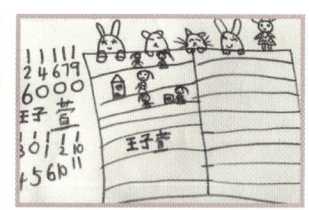

教师把幼儿园的快递包裹提供给幼儿们参考，大家研究了一番，有了初步的了解。

慧慧安排昊昊和邵邵制作快递单号，剩下的小朋友继续搭建"快递吧"。

随着"快递吧"的不断完善，幼儿们的游戏内容逐渐丰富，他们给"快递吧"起了个好听的名字——"兔子快递吧"。

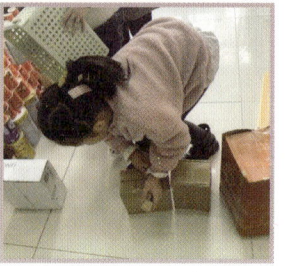

他们在"兔子快递吧"玩起了"寄取包裹"的游戏，游戏区充满了欢声笑语。

分析评价

本游戏从生活中来，到生活中去，由于游戏内容贴近生活，且由幼儿自发建构，所以孩子们的兴趣一直浓厚。在一次又一次的搭建中，幼儿们利用分工合作、商讨的方法解决了各种问题。他们自主设计图纸，并推选出最佳方案，在一次次的搭建过程中，社会交往能力、语言表达能力、团结协作能力都得到了有效提升。当幼儿发现材料不足的时候，能够主动提出需求，对于幼儿的需求，教师积极发动家长资源，扩充了班级里的"材料储备库"，为幼儿更加自主、尽兴、创造性地进行建构游戏提供了保障。

通过本次游戏，让我们看到了幼儿在游戏中的创造性。教师要学会观察，善于发现幼儿们的闪光点，倾注更多的时间和耐心倾听幼儿的多种"语言"，记录、反思、整理、总结，不仅提高自己的观察能力、评价能力，还能为将来的教研工作储备经验，提高专业素质。

教师在游戏中也要注重与幼儿的互动，在与幼儿讨论解决问题的过程中，教师也在不断成长，收获经验，为设计下一次游戏打下牢固的基础。

下一步支持

1.丰富"兔子快递吧"的材料投放，进一步激发幼儿的想象力，开展更多的快递服务。

2.开展混龄游戏，大带小一起游戏。

3.开展相关主题教学，让幼儿更深入地了解快递行业。

山东省东营市河口区义和镇中心幼儿园 孙平

❋ 魔法便利饭店 ❋

游戏背景

陈鹤琴先生曾说过:"幼儿的知识是从经验中得来的,而幼儿的生活本身就是游戏。"幼儿在游戏中可以很轻松的学到很多知识,这对幼儿的帮助是很大的。幼儿期是培养幼儿遵守各种道德行为的关键时期,幼儿在此期间很容易接受生活中各种正确的、美好的、规范的行为准则。角色游戏不仅是幼儿反映社会及成人活动的游戏,有一定的模拟性,也是幼儿根据自己的兴趣和愿望,并通过角色扮演,运用想象和模仿,创造性地反映个人生活印象的一种游戏,深受幼儿喜爱。

在玩角色游戏的时候,小宝把瓶盖装在黄色的碗里。

墨墨在桌子上摆放了一个空碗和一双筷子。

婷婷说:"我炒了一盘青菜,要给宝宝吃。"

琳琳说:"我做的麻辣小龙虾可好吃了,你们尝尝。"

这时候,很多幼儿都涌过来观看,也想尝试做菜,于是他们自发地收集教室里的材料,来扮演菜、饭、汤。

就这样,基于幼儿的兴趣,小吃店正式开张了。

游戏地点

角色区

观察班级

大班

观察实录

无人光顾的小吃店

小吃店第一天开业。小宝、尚尚、炜炜给桌子铺上了一块黑白相间的桌布，摆上碗、勺子。

然后他们进行了角色分配。

小宝说："我今天想当厨师，我想要在这里炒菜。"

尚尚说："我今天也要当厨师！"

炜炜说："那你们到底谁当厨师啊。"

小宝想了想说："我们两个都是厨师，他在那边煮菜，我在这里煮菜。我这里是烧铁板豆腐的，他那里是炒菜的，我们烧的是不一样的菜。"

尚尚点点头，说："好的，那就这样吧。炜炜，你做什么？"

炜炜回答道："我当服务员。"

于是，角色分配好了，游戏便开始了。

两位厨师在各自的位置上开始炒菜。

服务员炜炜则站在那里，喊道："大家快来吃饭啊！"但是喊了一

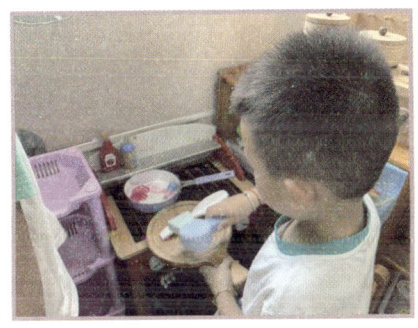

会儿，还是没有小朋友来吃饭，他们显得有些落寞。

教师观察了一会儿，见游戏没有进展，以顾客的身份上门，顺便跟打算要在里面吃饭又离开的墨墨和琪琪交谈。

"你们为什么不在里面吃饭呢？"

墨墨："小吃店的环境不好。"

琪琪："小吃店可以吃的东西太少了，没有我喜欢的菜。"

教师看向服务员炜炜，炜炜立马会意，跑进去跟两个厨师商议对策。

人满为患的小吃店

鉴于上次遗留的问题，幼儿们及时调整策略。

大家环视小吃店的环境，闹闹说："我去吃饭的时候餐厅里会播放音乐，这样顾客就会被餐厅里的音乐吸引，就会进来吃饭了。"

饭店里应该放怎样的音乐呢？

幼儿们进行了投票，最终一致决定应当播放放松的、舒缓的音乐。他们还用心设计了桌布。

关于菜品的事情，更是用心。他们在纸上画下了菜品图，并且还用彩色笔标上了数字，代表这道菜的价格，然后请老师帮忙写上菜名。

炜炜把菜品图用钉子钉在墙上。

厨师尚尚把炒菜工具放置在桌子上，做好炒菜前的准备工作。

多多则开始收拾桌子，然后她拿出了一个绿色的筐子，里面有一个本

子和一支笔，说是点菜单。

不一会儿，顾客便来了。

"你们今天有什么菜啊？"

炜炜指了指墙上的图片说："有这些菜，你要在这些菜里面挑选。"

"那我要一个小龙虾、一个胡萝卜。"

多多坐在椅子上，用绘画的方式记录下顾客点的菜。

炜炜把多多写好的菜单交给厨师尚尚，尚尚便开始炒起来。

不一会儿，美味的小菜便烧好了，炜炜将菜端了出来给顾客，顾客开心地吃了起来。

这时候，坐在一旁等了一会儿的其他顾客着急了，催促道："我的清蒸鱼好了没有啊，我等很久了。"

多多马上为等急的顾客倒了一杯饮料，并很客气地说："请再稍等一会儿，清蒸鱼马上就好了。"

就这样，没过多久，餐厅便挤满了人。

"服务员，我要点菜。"

"服务员，我想要一杯水。"

"服务员，收拾一下桌子好吗？"

……

顾客太多了，服务员都忙不过来了。

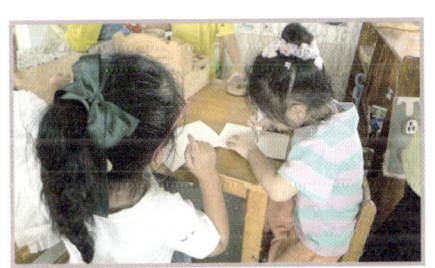

有序叫号的小吃店

第三次游戏时，做服务员的琳琳建议多加一个服务员。

甜甜说："我觉得也可以叫号。我之前去吃饭的时候，店里的人太多了，店员就会给我们一个单子，上面写了号，等店员叫到我们号的时候，我们就可以进去吃饭了。"

大家都觉得这个方法不错。

随着小吃店服务员琳琳的叫喊声，很快来了顾客。

顾客刚坐下，琳琳立马端来了水让其喝水。

顾客点好餐后，琳琳给了顾客一个号码，并说："你是1号，等会儿叫到1号就代表你点的菜好了。"随后用画笔记录下顾客点的菜，然后把菜单递给配菜师，配菜师根据订单配好菜，再递给厨师。

接着又来了几位顾客，琳琳有序地给顾客发号码牌，然后引导顾客到等待区等待。

整个小吃店有条不紊地运行着。

这时候，有小朋友喊道："我也想吃饭，但是我还在工作，不能离开我的岗位，这可怎么办？"

琳琳看了看对方。

对方说："我在'小医院'工作，今天只有我一个医生上班。"

炜炜说："等会儿我们给她送过去吧。"

琳琳："但是我们太忙了，没有时间去给她送菜啊。"

顾客豆豆快速想出了解决办法。"可以给她送外卖！"豆豆喊道，"小吃店把烧好的菜打包到盒子里，然后外卖员把外卖送到顾客的手中。这样，顾客就可以在家里吃到饭了。"

顾客尚尚毛遂自荐："我可以做外卖员。"

于是尚尚投身于送外卖的工作中，点外卖的顾客也越来越多……

分析评价

在小吃店游戏中，教师给足了幼儿自由、自主性，可以看到幼儿们并不是被动游戏，而是成为了游戏的主人，一次次丰富游戏的内容，一次次成长、进步。

小吃店是幼儿们自发产生的游戏主题，幼儿始终保持着较高的热情。他们能够经验迁移，用以物代物的方式，模拟厨师、服务员等角色的工作职责。面对顾客催单，能够灵活地先为顾客上一杯饮料，安抚顾客等菜时焦急的心情，把生活经验运用到了游戏里，让游戏能更顺利地玩下去。

随着游戏的不断推进，幼儿们条理清晰、有条不紊。顾客来吃饭，服务员引导顾客坐到位置上，并及时地给顾客送上水，耐心倾听顾客的需求，体现了小吃店服务员良好的服务态度。然后通过排号单的实施，很好地处理了小吃店人太多的问题。让顾客依据排号单进店吃饭，既有秩序，又能避免小吃店的拥挤。对于顾客没有时间在店里吃饭的问题，豆豆快速想到了解决办法，联想到送外卖，是生活经验的有效迁移。而服务员采用绘画的方式记录顾客点的菜，表明大班的幼儿在行动前对自己要做的事情会有一个大致的想法，他们的行为少了些盲目性，多了些目的性和计划性，这也是一种良好的学习品质。

回顾游戏，从第一次开店，幼儿们毫无头绪，没有顾客愿意进店吃饭。到后来，经过多次的调整与修正后，小吃店变得井然有序。在游戏中，我们看到了幼儿解决问题的能力在不断加强，相信幼儿在以后的游戏中会有更多新的收获。

下一步支持

1.重视分享点评环节，游戏评价是游戏组织过程中的重要环节。评价能对游戏发展起导向作用，教师要高度重视游戏结束之后的分享点评环节，在幼儿分享游戏经验的同时，有效推动其更好地进行游戏。

2.丰富游戏材料，增强游戏精彩性。材料的选择与投放是自主游戏开展的保证，它直接影响到幼儿参与游戏的积极性和游戏的质量。教师需要时刻关注幼儿的游戏情境，随时为幼儿提供游戏材料，增强游戏的可玩性、精彩性。

3.链接其他区角，实现多区角联合游戏，进一步提高幼儿交往能力与解决问题的能力。

浙江省海盐县秦山中心幼儿园 沈佳怡

❋ 我爱青花瓷 ❋

游戏背景

中国的传统文化博大精深，既是人类的宝贵财富，又对社会的发展起着促进作用，丰富多彩的中国文化具有非常强烈的美感。比如古代四大发明、中国剪纸、中国刺绣、京剧脸谱、十二生肖、中国传统节日等。为了让幼儿从小接受传统文化的启蒙教育，我们生成了一系列的主题教育活动，在这样的氛围中，幼儿们既可汲取精神食粮，又可自发探索自身的需要。

游戏地点

美工区

观察班级

大班

> 观察实录

设计青花瓷

区域游戏开始了，几名幼儿在美工区讨论着青花瓷。

尧尧小朋友说："我妈妈昨天带回来一套青花瓷，可好看了。"接着，他拿出一张照片，给大家看。

乐乐说："我家也有青花瓷的茶壶和茶杯。"

佩佩说："我之前跟妈妈做陶艺，不会上色，如果可以在上面装饰青花瓷的花纹就好了。"

思思说："你可以先在图画本上设计图案，有了图案就可以按照图案画到瓶子上去。"

"这里就有很多瓶子啊。"昊昊说。

"我们来做一做吧。"贝贝提议。

沐沐选择了一个瓶子进行青花瓷的装饰，但没画几笔，就开始涂色，还把整个瓶子都涂成了蓝色，把原本画好的两处图案也遮盖住了。

贝贝过来问："你画的图案呢？"

沐沐托着脑袋说："我不会画，就都涂成蓝色了。"

一旁的杨杨也说："我画得也不好，我也都涂成蓝的了。"

瑞瑞向老师寻求帮助："老师，我想装饰一个碗，但是我画得不好，不知道怎么改一改。"

听到这样的声音，教师提议大家一起探寻青花瓷的图案是什么样的。

幼儿们找到了很多图案，如对称的图案、条形边框的图案、边角的图案等。他们还发

现图案里藏着许多秘密，彼此分享自己的发现，并用记录本记录着。

对青花瓷有了一定的了解，小小设计师们又开始绘制图案。

个个都很专注。

更多的幼儿纷纷加入设计师行列。

纸盘、纸碗、陶瓶……每个作品各不相同，都摆放在窗台上，给人一种满满的成就感。

开启服装秀

很多幼儿喜欢上了青花瓷，贝贝让妈妈买了一条印有青花瓷图案的裙子。当她穿来展示给大家看的时候，引得小伙伴羡慕不已。

佩佩说："我也想有件青花的衣服。"

琪琪说："我们可以自己设计一下，想一想，用青花打扮一下自己呀！"

于是，幼儿们又忙碌了起来。

他们一边装扮自己，一边互相帮助，还开起了服装秀。

墙面满青花

幼儿们的作品越来越多，教室的墙面和窗台都不够用了。

佩佩说："能不能给我们一个地方，放我们的作品啊？就像博物馆那样展示给大家看。"

他们去幼儿园材料室找了两块消音板。

有了展板，幼儿们就开始忙碌了。

可是新的问题也随之产生了，当暄暄想要把自己的瓶子放

在展板上的时候，却发现没办法放置。

思思说："我们把瓶子粘在板子上吧。"

宸宸反对："粘在板子上会把作品弄坏的。"

他们通过商量找了个盒子，把瓶子放到盒子里，这样不容易倒，还能随时更换。

而纸盒、纸盘等作品就可以粘到或挂到板子上。

分析评价

在活动中，教师观察并记录了幼儿们优秀的学习品质。幼儿好奇、好问、乐于分享，他们一起寻找关于青花瓷的资料，表现出了主动探索、乐于表达的品质。遇到问题时，他们能够积极思考，并与同伴进行讨论、合作、尝试。不断发现、探索、反思、实践、创意的过程，表明了每一个幼儿都是有能力的学习者。

教师通过观察、解读，支持幼儿的自主游戏，尊重幼儿的视角，基于幼儿的兴趣和问题产生，支持幼儿不断去发现、探索、分享、创造、积累，充分地给予幼儿探索、展示的空间和时间，使幼儿获得了探索的快乐、分享的自信和内心的归属感。

下一步支持

1. 带领幼儿参观青花瓷实物作品，扩大幼儿的认知。
2. 生成青花瓷主题课程，引导幼儿深入学习青花瓷文化。

山东省济南市槐荫区实验幼儿园　刘莎

❋ 建龙舟 ❋

游戏背景

端午节是我国历史悠久的传统节日,在大班主题活动《五月五话端午》中,幼儿了解了端午节的由来,以及吃粽子、悬艾草、佩香囊、赛龙舟等传统习俗。我们还带幼儿参观了龙舟大赛,回来后他们对龙舟比赛念念不忘,对龙舟产生了浓厚的兴趣,并自主选择各种不同的材料,开始了搭建龙舟的游戏。

游戏地点

建构区

观察班级

大班

观察实录

搭建小龙舟

游戏开始后,丁丁用雪花片拼出一艘小龙舟。

贝贝、琛琛和同同用H拼插玩具，共同搭建了一艘小龙舟。

可可、文文和言言用实木积木搭出龙舟的挡水板，再将他

们的小椅子作为划水坐板置入其中。

整个过程用时不长，完成后，他们互相欣赏着作品并表达自己的想法。

同同："小龙舟太简单了，一下子就搭好了。"

琛琛："对啊，一下子就完成了。"

贝贝："我们搭一个难度大的龙舟吧。"

他们找来教师投放的图片，仔细地研究起龙舟的构造。

他们一边看一边讨论，发现龙舟要大，船身部分不是简单的坐板，而是精美的船舱，龙舟各部分的造型是对称且有规律的。

大龙舟现雏形

在新的游戏开始前，幼儿将龙舟设计图绘制了出来，而这些设计图既有局部的，也有完整的。

随后，幼儿投票选出了一幅大家都认可的设计图，并对照设计图自主选择想要搭建的部分，由此分成龙头组、船舱组和龙尾组。

龙头组和龙尾组的幼儿不清楚如何搭建，只是用积木进行简单的架空、垒高，而船舱组的幼儿运用各式各样的积木完成了船舱一层、二层的搭建。先完成的小组将挡水板围了起来，可船身部分一边大一边小，始终没有搭建出来设计图中的造型。

他们一起研究教师提供的木质龙舟拼图，仔细观察龙舟的每一个细节。

贝贝："龙头上面有两个龙角，可以把树苗形积木当作龙角。"

丁丁："眼睛可以用圆柱形积木，尖尖的牙齿可以用三角形积木。"

琛琛："龙的脖子长长的，用长方形积木垒高架起来。"

言言："龙尾上有毛，可以用斜坡三角形，龙尾往后翘要怎么搭呢？"

文文："可以搭一个楼梯，在每一个楼梯上放斜坡三角形当尾巴上的毛。"

同同："船舱有点矮，人进不去。需要高点的材料来搭建立柱。"

可可："船舱有两层，没有楼梯，游客怎么上去第二层呢？还要搭一个楼梯才行。"

带着问题，他们收集了薯片筒、书壳、纸砖等材料进行混合搭建。

经过尝试，幼儿最终选择用薯片筒作为第一层船舱的立柱，并用书壳和纸砖来搭建龙舟的挡水板。

龙头组、龙尾组很顺利地完成了搭建。

船舱也很快完成了第一层。

此时，龙头组的文文提出了问题："你们的船舱怎么是歪歪扭扭的，两边都不对称，船会翻的。"

可可、贝贝、言言站到龙头那边一看，船舱确实一边大、一边小，于是他们将木板全都搬了下来。

再次搭建船舱时，他们谨慎地测量好每一块长木板之间的距离。

确定好木板的位置后，再把薯片筒放到相应的位置，最后把木板放到薯片筒上，这样船舱就完成了。

龙舟大变身

随着游戏的不断推进，龙舟的造型已经变得越来越完整了，可是幼儿们期待中的精美龙舟还未出现。

他们对如何体现对称、曲线的美感进行着思考与尝试。

乐乐："我觉得放一个斜坡三角形在下面，可以让屋檐往上翘，这样会更好看。"

贝贝则将大圆柱体和大弯曲拱形积木进行组合来搭建船舱的门，并有规律地组合小圆柱体、大弯曲拱形积木和三角形搭建窗户。

负责二楼的言言用树苗形（三岔路形）积木连接摆放在一起，当作二楼的窗户。

可可选择纸砖并用架空、错位、叠高的方式将楼梯完成。

最后，所有的小朋友一起用纸砖将龙舟的挡水板完成。

看着他们共同搭好的精美龙舟，小朋友们都高兴地欢呼，一起分享成功的喜悦。

分析评价

在整个建构过程中，幼儿知道了在搭建前，需要观察和比较所用材料的形状和大小；在搭建时，需要计划不同积木的搭建顺序和所需数量，积木与积木之间如何保持稳定、平衡等，这些足以体现出在探索的过程中，幼儿的构思、预见、规划等素养得到了很好的锻炼。与此同时，幼儿在搭建龙舟时，运用了大量对称、有规律的排列等方式表现龙舟细节结构的特点，将现有的材料当作测量工具，测量好薯片筒的间距再进行搭建，在尝试的过程中积累了丰富的数学经验。

随着游戏的推进，搭建内容不断丰富，对幼儿的建构技能、合作协商及解决问题的能力等都提出了更高的要求。幼儿在搭建"龙舟"的过程中，从外往里、从整体到细节来观察龙舟：船身和龙头结构的对称，船舱窗户有规律的排列和屋檐角向上翘，龙尾向后弯曲等，并能运用围合、对称、延长、垒高、模式、架空等多种方式进行搭建，提升了建构技能。在龙舟的搭建中，他们分工合作，不断探索、发现材料的特性并解决搭建过程中遇到的问题，思维变得越来越灵活。在合作搭建的过程中感受到协同游戏的快乐，在搭出心中期待的龙舟时的喜悦与自豪，这些积极的情绪体验让他们越来越自信、合群。

  作为教师，充分尊重了幼儿的游戏意愿，摒弃了"刻意提前预设目标、内容及流程"的固化模式。根据幼儿的需求，选择更加宽敞的场地支持幼儿游戏，并提供了丰富的游戏材料，满足了幼儿的搭建需求。持续关注幼儿的兴趣，支持幼儿去探索、去创造，幼儿充分自主地进行游戏，新的学习不断发生，将游戏玩得越来越精彩。

下一步支持

  帮助幼儿梳理并概括游戏过程中出现的问题，根据幼儿的兴趣点寻找新的支持方向，帮助他们实现各种经验的迁移与新愿望的达成。

湖北省咸宁市直属机关幼儿园 汤舒 王梦颖 朱红梅

心目中的小学

游戏背景

对于即将进入小学的大班幼儿来说，小学是神秘的。为了满足幼儿的好奇心，也为了使幼儿顺利过渡幼小衔接，幼儿园组织了参观小学的活动，活动后幼儿们对建构心目中的小学兴趣浓厚。教师抓住契机，抓住幼儿的好奇心和兴趣点，积极为他们创造条件，鼓励幼儿搭建自己心目中的小学。

游戏地点

建构区

观察班级

大班

观察实录

搭建小学初尝试

在搭建小学之前，他们认真地画下了自己心目中小学的样子，悠悠画的小学有很大的篮球场，同同画的小学有很多小朋友们在跳绳、拍球，玩得很开心。她们两个的画被推选为优秀的设计图，大家决定在此基础上进行建构。

在搭建的过程中，宁宁觉得小学里还要有一个滑梯，这样小朋友们才能开心地玩耍。

堃堃和柚子搭建的楼房特别高，丫丫和俊俊商量着分工合作，一人搭校门，一人搭里面的东西。

其他幼儿也忙碌着各自负责的部分。

经过一番热烈的讨论和努力的搭建，幼儿们逐步完成了小学里的教学楼、升旗台、校门、跑道等建筑的搭建。

搭建完成后，豆豆："好零散呀，这不是我们想要的小学的样子，跟设计图也不一样。"

妮妮："对呀，而且好多小朋友都搭的是同一个建筑，小学里这些建筑应该都是挨在一起的。"

辰辰:"我们可以分组呀,每个小组完成一种建筑,再组合到一起不就好了嘛。"

于是他们开始了分组搭建的过程。

分组搭建效率高

在分组的时候,幼儿们起了争执,都在坚持自己想搭的部分,他们想出了用"石头、剪刀、布"的方法做最终决定,三局两胜,这样就不会争吵不休了。最后,他们分成了花台组、运动场组、校门组、

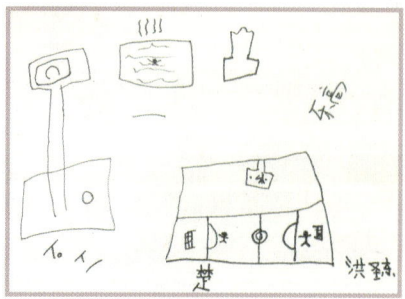 

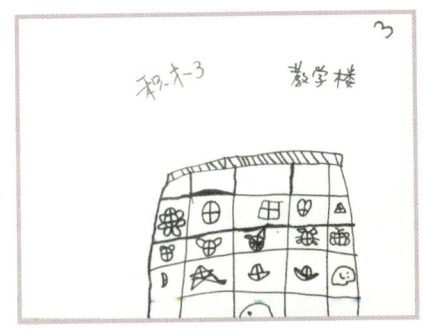 

教学楼组和喷泉组。

搭建之前他们还重新设计了设计图。有的小组是一个人负责画,其他人说自己的意见;有的小组是两个人一人画一半,提高效率;还有的小组则是分工合作,每人画一部分,这样大家都能参与。

经过商量,每组选择了自己认为适合的材料开始搭建。

搭建完成后,他们把各组的作品组合到一起。

涵涵:"我们用纸杯搭建的这个升旗台太宽了,放进去就会占很大的位置，放不进去。"

璐璐："我们的喷泉是用积木搭的，搬过去就散开了。"

悠悠："我们的教学楼也是，不能搬进去。"

辰辰："那我们可以把材料都换成乐高，这样占的地方就不会很大了。"

说完，幼儿们便开始用乐高材料进行补充搭建。

升旗台两边的台阶高度不合适，他们一边搭一边对比高度。

小学里怎么能没有食堂呢？在昊昊的带领下，他们又创意地搭建出食堂，里面还有小朋友正在排队打饭呢。

在组合的过程中,他们发现墙是倾斜的,赶紧进行修正和调整。

搭建完成后,他们不仅讨论和投票决定小学的名字,还设计了一个校徽,然后把写好的名字粘贴了上去。

分析评价

在这次搭建活动中,幼儿们探讨了小学里有哪些建筑、使用哪些材料、应该怎么搭建等问题,并在搭建过程中学会了提前绘制设计图,怎么和同伴协商、分工,学会了合作,在发现墙体倾斜以后更是积极动脑思考,做出了修正和调整。他们在反复地修改和完善中让心中的小学变得更加稳固而美丽。通过这次游戏,加深了幼儿们对小学的了解,也让他们对上小学更加充满期待。

作为教师,能够及时抓住幼儿的兴趣点,积极回应幼儿的需求,为幼儿提供建构游戏的场地和材料,给幼儿自主游戏的探索提供了可能,使幼儿的探索需求付诸实践。教师是幼儿学习的观察者、支持者。教师要通过不同的途径使幼儿成为游戏的主人,在不断地创造中学习、成长,并体会到集体游戏的成就感。

下一步支持

1. 开展幼小衔接主题教学活动,进一步激发幼儿上小学的欲望。
2. 创设幼小衔接主题教育环境,使幼儿在潜移默化中进一步了解小学。

四川省成都市高新区和美实验幼儿园　屈健雯

✳ 探秘温度 ✳

游戏背景

进入冬季后，气温明显降低，晨谈时幼儿们围绕温度这一话题展开了讨论。

健健："我来幼儿园的时候看到树枝上有一层白色的东西。"

毛毛："对，广场的草坪变成了白色的，天气越来越冷了。"

岳岳："我也看到了，妈妈说白色的是霜，气温降到零度以下的时候就会结霜。"

玲玲："零度以下是什么意思？"

他们都对温度产生了好奇。

游戏地点

室内

观察班级

大班

观察实录

初识零下

岳岳在早餐前播报天气时,提到当天的温度是零下2至零上11度。

岳岳:"怎么表达出零下二度呢?"

幼儿们一时间都犯了难。

毛毛提议去气象小站看看温度计上面有没有显示。

毛毛仔细观察起温度计,幼儿们围拢过来一起研究。

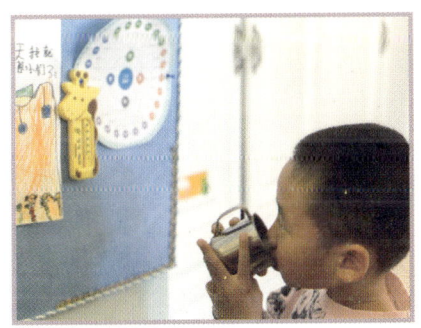

他们持续观察了两分钟左右。

岳岳:"这是多少度啊?好多条线。"

毛毛:"这个有格子,跟钟表一样,可是没有指针,不知道是几度。"

岳岳指着数字20,说:"你们看,这中间有一条红色的竖线,是从温度计最下面一直向上,到20这停住了,是不是20度的意思?"

恩恩:"那零下就是0以下吗?你们看,我找到了零下10,前面有个横线,这就是零下的意思吧?"

岳岳:"应该就是这样的,今天外面是零下2度,从0往下数两个格子就是-2度。"

恩恩:"今天-2度,比0低了,所以就有霜了。"

岳岳:"温度是变化的,一会儿出太阳了温度会升高,霜就没有了。"

说完,他们把自己的发现表征在计划上。

时间与温度

下午放学前,昊昊在走廊换鞋时觉得有点冷,就拿出温度计测量走廊的温度。

他读出温度计的当前温度,并记录了测温初始时间、温度、温度计红色液体的显示位置。

七分钟后进行第二次测量,并记录。

冰箱里的温度

第二天,玲玲来到幼儿园跟大家说:"昨天我们发现了零下的秘密,回家后我发现冰箱里也是冷的,也有冰。"

昊昊:"冰箱里有冰,可以冷冻食物。"

他们跑到幼儿园的冰箱前研究起来。

昊昊指着冰箱的门说:"快看,门上是显示温度的。"

他们打开冰箱的门,去看冷冻区,果然看到了冰,还用手摸了摸。

玲玲:"好凉啊。"

他们通过几次开门对内部结构进行观察的同时,发现显示屏上的数字由零下15变化为零下13、零下11。

为什么冰箱显示屏的数字会在几次开门后发生变化呢?

岳岳:"这个我知道,我们每次打开门外面的温度会进去,里面的温度会出来。"

昊昊:"所以数字才会变化。"

他们就自己的发现进行了记录。

饮水机的温度

回到班级后,幼儿们在喝水。

岳岳与晨晨商量着要用水温计测量饮水机每一格的水温。

他们将记录单用折叠的方法平均分成六份,并在每一格内分别自下而上画出与之对应的温控显示。

岳岳手持水温计开始测温第一格,晨晨负责记录。

数字不再变化后,岳岳读数,晨晨核对,二人意见一致后记录结果。

每完成一格测温，晨晨就会把水倒掉，清空水杯，重新开始接水。

六格测温全部完成，他们得出结论：不同的温度分别对应"冷、温、烫"。

每次有了新的发现，他们就很开心。

分析评价

《指南》指出：幼儿们的科学探究应从身边的事物开始，幼儿们关注周围生活和环境中常见的事物，发现其中的有趣和奇妙，有益于保持他们的好奇心，激发他们的探究热情，使他们从小就善于观察和发现。

幼儿善于观察，能察觉到周围环境、温度的变化，并自发自主地展开一系列的探究，兴趣为幼儿自主游戏持续向前提供了源源不断的动力。通过对天气"冷""暖"的感知、对冰箱"冷""冻"的理解、对水温"温""烫"的测试，让幼儿的具体形象思维在实验的过程中，逐渐向抽象的逻辑思维过渡，提高了孩子们探究科学知识的积极性。

通过探究不仅锻炼了幼儿的观察力，还提高了他们的表征能力，他们的每一次记录都是对学习的总结，虽然单纯的数字对于大班幼儿来说是比较抽象的、没有实际概念的，但是游戏将这些枯燥的数字赋予了生活的实际意义，让它们变得鲜活有趣，易于理解。

他们通过实验与记录，尝试收集信息、预测估算、解读数据，并对数据进行分析解读，用科学的方式解决了实际生活中的问题，这些充分说明了幼儿是主动的学习者、探索者。教师是幼儿探究的支持者和引导者，要尽可能创造条件让幼儿亲身体验真实的探索过程，让幼儿真正成为快乐的学习者，让幼儿快乐地成长。

下一步支持

1.开展探究温度的主题活动，让幼儿进行系统的学习，全面了解温度的变化以及与周围环境的关系。

2.在一日生活中，注重观察幼儿的行为并解读，了解幼儿的兴趣点，及时提供必要的支持，使幼儿不断地在探索中学习、积累经验。

辽宁省大连市甘井子区教育局实验幼儿园 孔璐

趣味电路

游戏背景

儿童具有天生的好奇心，他们对周围世界充满着好奇，不仅喜欢触摸、摆弄、操作，还会提出各种问题，表现出他们渴望认识周围世界和学习科学的需求。

游戏地点

科学区

观察班级

大班

观察实录

电路探索

教师在科学区投放了探索电路的材料，幼儿们跃跃欲试。

琪琪和哆哆来到科学区根据说明书上的风扇说明进行电路安装。

哆哆按照说明书上的零件拿给琪琪，琪琪拿着零件并根据图示安装到电路板上，安装好之后打开了开关。

风扇发出呼呼的声音，琪琪说："咦？怎么没有飞上去？"

哆哆看了看说明书说："你把风扇装反了吧。"说完哆哆将风扇换了个方向重新

安装到电路板上，打开开关，风扇成功飞起，两个人开心地拍起了手。

将风扇重复飞起五次后，琪琪说："哆哆你看，这个风扇说明下面还有另外一种安装方法。"

哆哆看了看，指着电键开关说："这个是另外一种开关，我们把原来的开关拆了，装这个试试。"

两个人将电键开关安装在相应的位置，手指一按，风扇成功飞起，两个人将这个开关的玩法重复了四次。

哆哆又拿了一个触控开关说："还有这种开关呢，我们来试试。"

两个人将电键开关拆下并换上触控开关，用手指按上去却发现风扇没有转起来。琪琪说："要不我们换个灯试试。"

哆哆点点头并找出了绿色彩灯给琪琪安装上去，两个人用手指试了试开关还是没有成功。

两个人翻起了说明书，翻到第四页的时候，哆哆指着有两个电池

盒的电路说："你看这个电路有两个电池盒，会不会是我们就放了一个电池盒，电力不够？"

琪琪看了一下说明书上的电路说："有可能，那你再拿个电池盒给我。"

琪琪将哆哆找来的第二个电池盒安装在第一个电池盒的对面，安装好之后，两个人用手指去试了试开关，绿色小彩灯成功亮起。

哆哆找来了配件，用上面的金属扣去碰开关，绿色灯也成功地亮了，哆哆说："金属也可以导电。"

他们已经使用了三种不同的开关来控制电路，探索还在继续。

为了验证其他开关，他们简单组装了一个电路，让开关控制一个喇叭，只要成功控制了喇叭，喇叭就会播放音乐。

在前三种开关的基础上，他们又依次尝试了磁吸开关、声控开关、震动开关、光控开关、重力开关，都获得了成功。

"原来有这么多种开关呀！"琪琪感叹道。

盐水通电

通过琪琪和哆哆的分享，幼儿们知道金属可以导电，这也给他们带来了新的想法，还有什么可以导电？

教师在科学区投放了水、简易版电路、盐、量杯、秤。

浩浩说："我们来做盐水实验吧。"

优优将材料拿到桌上，浩浩用勺子将盐倒入量杯后，然后倒进了水里。

优优说："不对不对，你忘了称盐的重量了。"

浩浩说："对哦，那重新来，你去把它洗一下吧。"

优优拿着量杯去洗。

浩浩将洗好的空量杯放在秤上，将重量归零，然后将盐倒进空量杯中。

优优说："0.3，我去拿纸记录。"

浩浩将盐倒入水中，用搅拌棒进行搅拌，接着将电路的两头连接口放入盐水中，灯泡没有亮。

浩浩加盐至0.4，灯泡还是没有亮。

优优说："会不会是灯泡连接的不对？"

两个人检查了灯泡的连接，是正确的。

优优说："可能盐还是不够，我们再加一次盐试试。"

他们把盐加至0.5，灯泡仍旧没有亮。

111

浩浩说："我们的实验失败了，用别的材料试试看吧。"

浩浩找来磁铁，将线的连接处放在磁铁的两端，灯泡没有亮。

浩浩对优优说："要是有个金属就好了。"

他们从别的地方找来了金属片，将线的两端连接在金属片上，灯泡成功亮起。

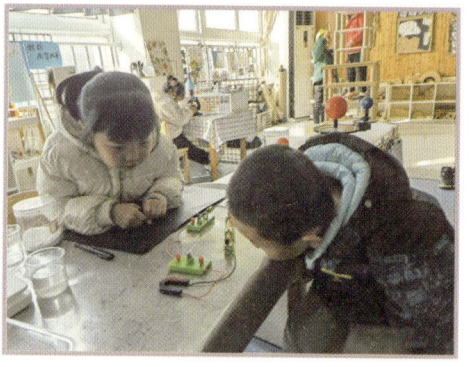

两个人又换了一个新的灯泡做实验，优优说："这个灯泡比刚刚的灯泡亮多了。"

浩浩说："我们就用这个灯泡继续做实验吧。"

他们不用金属片，将两个连接口直接连在一起，灯泡也亮了。

开心之余，浩浩说："我们再把连接口放到盐水里试试。"说完就在盐水里将连接口相连，灯泡也亮了。

优优说："在盐水里也能通电，真厉害。"

浩浩不解："可是刚才怎么不亮呢？"

他们仔细检查了连接口，发现原来与盐水接触的铜片和锌片因体积较小、接触不良，才导致灯泡没亮。

分析评价

大班幼儿的科学探究能力更加具有挑战性和深度性，他们会用观察、交流、表征和推理来探索世界，并获得成功的喜悦、科学的学习方法以及受益终身的学习态度和能力。幼儿在探索电路的过程中，包括产生疑问、猜想和假设、观察和实验、通过记录和整理而获得信息，最终得出结论，逐渐内化科学知识和概念。他们能够有目的的去探究，愿意通过事实寻求合理的解释。有疑问能够相互协商合作，然后通过观察、比较，发现问题、分析问题、解决问题、引发深度思维，使幼儿的思维能力与探索精神在游戏中得到进一步提高。

下一步支持

投放更多的材料供幼儿探索，如糖、醋等，让幼儿有更多选择，从而在自主游戏中得到全面发展。

江苏省丹阳市埤城中心幼儿园 唐王琰

✽ 我爱阅读 ✽

游戏背景

随着"我爱阅读"主题教育活动的深入,幼儿们学习了各种各样的图画书,萌发了想要自己制作图画书的想法。区域活动时,幼儿们三五成群地聚集在阅读区,开始了他们的游戏之旅。

游戏地点

阅读区、建构区

观察班级

大班

观察实录

自制小书

游戏开始后,琪琪和辰辰先来到阅读区。
辰辰选择了已经订好的四页白纸。
琪琪没有选择订好的纸张,而是拿了一张白纸,从中间对折剪开，剪出了几页纸。

大羽紧接着也来到阅读区，他跟辰辰一样，选择了订好的四页白纸。

然后，他们开始创作故事。

他们三个人一边画，一遍互相说着。

很快，琪琪画好了内页内容，又拿来一张白纸并对辰辰和大羽说："我要画很多张。"

辰辰看了一眼说："我也要画很多。"

大羽也说："我画的也多。"

当琪琪画完第五张时，辰辰原来选择的四页白纸都画完了，辰辰兴奋地说："我的小书画好了。"

琪琪抬头看了一眼说："我画的比你多。"

辰辰："我没有纸了。"

大羽："你可以再找点纸。"

辰辰在阅读区里转了转，看到了绘本《如何做一本书》，便拿到桌上看了起来。

大羽和琪琪也被吸引了过来，三个人一起看这本书。

绘本翻到最后，琪琪发现书的封底有一个条形码，说："这里有这个，我也要画一个。"

大羽提醒："书画好后，要把纸弄整齐，然后用机器钉起来。"

辰辰："可是我们没有机器呀。"

琪琪："可以像老师那样用订书机订起来。"说着琪琪找到挂在柜子上的订书机把散页订了起来。

辰辰不忘提醒："要把画摆整齐，不然书就歪了，就不漂亮了！"

第一本书制作好后，他们很开心。

辰辰："我爸爸每天坚持阅读，书房里有很多书呢，我们也来制作很多书吧。"

于是他们又开始创作起来……还吸引了更多幼儿加入他们。

我们的图书馆

随着幼儿们制作的书的数量增多，大家互相阅读彼此的故事，觉得既新鲜又好玩。

但是每次选书时，翻找太麻烦了。

琪琪："我们建一个图书馆吧。"

辰辰："但是这里太小了。"

琪琪："那咱们把所有书都搬到建构区搭图书馆吧。"

这个建议得到了很多小朋友的赞同。

他们把自己制作的书合力搬进了建构区，开始搭建图书馆。

由于大班幼儿建构水平较高,很快便搭建出了简易图书馆。

但他们并不满意。

开始着手整改。

艾艾将竖着、杂乱无序的书架调整方向,将所有的书架调整方向后,一排排书架整齐横向排列在图书馆的左侧。

琪琪和恩恩一起用纸盒、积木还有拼插玩具进行造型,然后将纸盒立起来放在图书馆的右侧。

通过合作,图书馆完成了。

他们开始把小书往书架上摆放，但是发现书架太小了。于是他们把小积木改为大积木，让所有书可以摆放进去。

终于可以继续阅读了，精彩的故事不断从图书馆传出……

分析评价

通过"我爱阅读"主题活动的深入，幼儿们的阅读习惯及阅读能力得到了不同程度的提高，进而萌发出自制小书的游戏活动。他们不仅在游戏中自行决定小书的开本、自主创作故事，还通过自主阅读绘本《如何做一本书》学会了在自制书的封底添加了条形码，对小书进行了完善。更令人惊喜的是，他们实现了区域之间的联动，从阅读区联想到建构区，搭建了他们的图书馆，这不仅是游戏内容的升华，更是幼儿创造思维的进一步提升。在一系列有效的互动合作中，他们合作、交流、分享，获得自信和快乐，进一步提升了他们的阅读兴趣，培养了学习能力。

下一步支持

投放更多的绘本，引导幼儿利用绘本内容解决游戏中发生的问题，能够学以致用。

江苏省淮安市清河幼儿园 蒋娜

室外自主游戏

小班

中班

大班

小 班

✻ 玩出精彩 ✻

游戏背景

小班幼儿入园一个月，人际交往能力和游戏规则意识还不太健全，户外自主游戏深受他们喜爱，经过多次户外自主游戏后，他们的人际交往能力、游戏规则意识及合作意识都有了一定的提高。为了进一步确定他们在各方面的发展情况，特重点观察他们在户外自主游戏中与同伴之间相处的情景和动手创造能力的发展。

游戏地点

户外操场

观察班级

小班

观察实录

盖高楼

上午户外活动时间到了，幼儿们在操场跑道处排队等候进行自主游戏，张老师拿出了积木、梅花桩、沙包、飞盘等户外玩教具，幼儿们就开始自主选择玩教具了。

安安和畅畅两个小朋友一起选择了彩色梅花桩，畅畅首先搬了三四个梅花桩，并将它们一块一块的垒高，安安看见后也搬了几块梅花桩垒起来，其他小朋友也过来一起垒高，嘴里还呼叫着："盖高楼啦！"

当畅畅小朋友垒第九层时，梅花桩倒塌散落了一地，幼儿们赶紧去捡，畅畅捡完则继续一个一个垒高，没过多久，搭好的梅花桩又倒了，连续几次都没成功。

安安："怎么总是倒呢？"

畅畅："它太高了吧。"

安安："那我来把它扶好。"

游戏继续，安安用双手扶着梅花桩，畅畅往上垒，两人合作垒了8个，这次没倒，他们开心的在一旁拍手。

铺小路

在玩了几次垒高游戏后,畅畅开始将梅花桩平放到地上,一个挨着一个摆了两排,安安和其他小朋友给畅畅送梅花桩,畅畅摆放。

教师看到后问她们:"你们在做什么啊?"

畅畅:"我们在摆小路。"

安安:"我们在搭小桥。"

搭好后,她们沿着梅花桩一个跟着一个向前走。

走了没多久,畅畅又换了梅花桩的位置,摆成了长长的一行。

后面又摆成了半圆形,在"小路"出现故障时,畅畅赶紧跳下来"修小路"。

花样翻新的小路

过了一会儿，畅畅被旁边的积木吸引，开始去垒积木了，安安则继续和其他小朋友玩梅花桩，并重新把梅花桩摆成不同的形状。

刚开始摆好时，幼儿们没有方向的随便走，安安还试着爬着走，导致队伍有些乱，甚至还出现两个小朋友碰头、摔跤的情况。两个小朋友吵了起来，还去老师那边告状，老师引导他们通过协商找到解决问题的方法。

安安组织大家商量，他们还制定了简单的规则。再次玩时，果然没有再出现乱象。

安安还邀请老师一起来走"小路"，当老师一起走"小路"时展开双臂做飞机状，幼儿们也跟着模仿并打开双臂，玩得很开心。

而离开玩铺小路的畅畅，玩了一会儿积木后，就继续挑战用梅花桩垒高，通

过与同伴合作，能够垒到十层了。

最后他们还一起挑战了不同方式的垒高游戏，每个人都很开心。

分析评价

小班幼儿的年龄特点是喜欢新鲜事物、注意力不集中、动作发展快。由于动作发展的需要，这个年龄段的孩子特别好动。户外自主游戏是幼儿们喜欢的游戏方式，他们的兴趣可以持续很长时间，可以在户外自主游戏中尽情嬉戏、成长。

在这次户外自主游戏中，畅畅主动选择了梅花桩并尝试进行垒高，经历很多次垒高失败后也不气馁，能够发现倾倒的原因是因为太高了，具备了初步分析问题的能力。从游戏中可以看出安安是一个热情的幼儿，她愿意和小朋友一起游戏，并主动帮忙别人，符合《指南》社会领域中，愿意与人交往并与同伴友好相处的要求。在发现畅畅垒高的梅花桩总是掉落后，安安会动脑筋、想办法，主动扶着梅花桩，协助畅畅搭建成功。

在后面的铺小路过程中，畅畅发挥了积极主动性，不停变换铺路的方式，挑战各种形状的小路，当半圆形小路出现故障时，也能够动手解决问题。后来畅畅被积木吸引走，虽然符合小班注意力集中时间较短的特点，但后来她又继续挑战垒高，在同伴的协助下垒到了十层，并且还尝试了其他垒高方式，具有一定的创新性。而安安在畅畅离开后，则是带领大家继续铺小路，并进一步创新玩法，铺出了花样翻新的小路；遇到问题能够组织大家商讨，制定了简单的规则，自主意识很强。

下一步支持

1.创设游戏情景，激发幼儿兴趣。由于小班幼儿年龄较小，注意力集中时间较短，没有情境的游戏是比较枯燥乏味的，随着游戏时间

125

的增长，幼儿的兴趣会逐渐减弱，不利于游戏的持续性开展。后续开展自主游戏可以给幼儿创造一个情境，让他们进入角色，这将充分调动起他们的兴趣，提高幼儿的积极性。

2. 关注幼儿游戏中存在的安全隐患，避免事故的发生。由于小班幼儿年龄小，安全意识薄弱，教师应加强对他们的安全教育及指导，培养幼儿的自我保护能力。

3. 对不同程度的幼儿进行针对性指导，对于能力强且有创意玩法的幼儿，除了要及时给予肯定，也要给予启发式、开放式的追问，增强游戏兴趣。对于能力弱、游戏中不太主动的幼儿，可适时适度地提出一些启发性建议，必要时还可以带着幼儿一起玩，鼓励他们参与游戏，多给这些幼儿尝试的机会，逐步帮助他们获取成功的经验。

4. 利用家园合作，为幼儿制作更多有利于发展身体平衡和协调能力的玩教具。

河南省郑州市金水区新建幼儿园　王淑雅

趣味玩轮胎

游戏背景

废旧轮胎是生活中比较常见的物品，一般是堆砌一旁闲置着。但是在幼儿园里，却成了幼儿们喜爱的器械。废旧轮胎在玩法上具有多样性、造型上具有易组合性的特点，幼儿们作为天生的游戏玩家，他们会把轮胎玩出很多新花样。

游戏地点

户外操场

观察班级

小班

观察实录

自由玩轮胎

幼儿们一到操场上就欢快地玩了起来。

珩珩推着轮胎玩，从一个地方移到另一个地方。

宸宸在并排放好的轮胎间快速地走来走去。

安安、瑞瑞、心心在比赛滚轮胎。

腾腾、桢桢在爬轮胎山。

迪迪则很舒服地躺在轮胎上晒太阳，一会又趴在了轮胎上，教师问他："你这是小飞机要起飞吗？"

"不是，我是小乌龟慢慢爬。"

这时，旁边的少少和鸣鸣起了争执，少少一脸不高兴，问了才知道，他想自己待在轮胎小屋里，不想被人打扰。

少少和鸣鸣僵持了一会儿，鸣鸣离开去玩别的轮胎。

玩了一会儿后，宸宸在平放的轮胎上面又竖了一个轮胎，他想钻过去，但是轮胎不稳，钻的时候轮胎会歪，苒苒赶快过来帮忙扶着轮胎，宸宸才得以顺利通过。

不同材料组合玩轮胎

幼儿们自由玩轮胎一段时间后，对大班哥哥姐姐玩的搭建游戏很感兴趣，向老师反映："我们可不可以向哥哥姐姐借点材料，来玩一玩？"

顺顺抢着说："我们轮胎旁边就有很多玩的东西。"

"好，那我们就自己想办法弄来那些材料和轮胎组合一下。"昊昊说。

他们向哥哥姐姐借来了梯子、长木板，连轮胎区旁边的平衡木、拱形门也被他们抬过来了，材料丰富了，他们迫不及待地玩了起来。

他们把所有材料进行组合，玩"过小桥"的游戏。

苗苗不敢走平衡木，她手脚并用，慢慢爬过去了。

鸣鸣开始过桥时，不敢站起来，小心地爬着走，来回了几次，才敢站起来走过去。

试了几次，小朋友们明显放开了些，也胆大起来。

"过小桥"游戏玩熟练后，几个小朋友想在轮胎上放梯子，做成跷跷板。

可是试了几次，重心不稳，中间空着，坐上去也不舒服。

后来他们换成了长木板，这下好了，平稳舒服多了，可以坐在上面开心地玩了。

他们玩过跷跷板后，又开始玩滑滑梯。他们尝试着把两个轮胎摞起来，放上长木板，一个滑梯就做好了。

幼儿们迫不及待地从上面滑下来，很好玩。

又来了几个小朋友，他们自觉地排起了队，等着体验他们新开发的轮胎玩法。

玩了一会儿，果果发现长木板有点歪了，有滑下来的危险，她用力地推木板，重新放好轮胎。

有几个小朋友看着他们玩得很好，也学着他们的样子，就地取材做成滑梯的样子，但是他们选择的材料表面凹凸不平，只能从上面慢慢爬下来，即使这样，他们也玩得开心。

幼儿们保持着对轮胎游戏的热情，不断变换游戏的玩法，还玩起了小火车游戏。

小朋友坐在并排放的轮胎里玩开火车，苒苒是火车头，小胳膊一圈一圈的转动着，后面的乘客开心地坐着火车，任它行驶。

少少和果果也想当火车头，在前面又加了两个轮胎，后面也

多了自觉加入的小乘客，他们自报目的地，有去超市的，有去医院的，还有去广场的。

就这样，幼儿们有玩滑滑梯的，有玩跷跷板的，还有玩小火车的，操场上充满了欢声笑语。

苗苗开心地跟小伙伴说："我们的游乐园真好玩啊！"

教师望去，还真像一个游乐园呢。

分析评价

教师从幼儿的游戏中，不仅发现了幼儿乐于探索、喜欢尝试、积极挑战、敢于冒险的宝贵品质，还看见了幼儿分组合作、设计游戏玩法、制定游戏规则，在思考与实践中自主解决遇到问题的精彩表现。他们会在运动中沉稳、机敏、灵活并用自己独特的方式表现、保护、展示、挑战自己，具有基本的自我保护能力。他们在一次次解决问题的过程中展示了自己的智慧和想法，通过活动中使用的每一种材料带给我们惊喜。玩轮胎游戏，增强了小朋友们的肢体协调和平衡能力，在互帮互助中幼儿锻炼了人际交往能力和团结合作能力。幼儿在游戏中自己组织、排队轮流玩，不断增加难度，使游戏能够持续不断，说明幼儿在游戏中能积极动脑，勤于思考。教师作为幼儿游戏的观察者、支持者，给予幼儿们自主探索的空间，让幼儿们玩自己喜欢的游戏，不断创新玩法，他们乐享其中，探索不止。

下一步支持

1. 提供更多材料，进一步激发幼儿的创造力。
2. 相信幼儿，引导幼儿积极动脑，进一步提高解决问题的能力。

山东省莘县实验幼儿园　殷子慧

✲ 神奇小棒 ✲

游戏背景

幼儿们喜欢户外游戏，在户外游戏活动中，他们可以尽情地玩耍。小班幼儿经过一个学期的学习，各方面能力均有提升，为了支持幼儿们在游戏中进一步创造出新的玩法，我们投放了塑料小棒，让幼儿在户外自主游戏中尽享快乐童年。

游戏地点

户外场地

观察班级

小班

观察实录

小棒新接触

户外游戏时间，幼儿们积极地打开器械棚，一点点的向外搬运材料。

雯雯喊道："哇，这里有小棒棒。"

幼儿们听到后，赶紧跑了过来，纷纷去拿塑料小棒。

有的小朋友拿一个，有的小朋友拿许多个。

很快，塑料小棒就被小朋友们拿完了。

这时，亨亨手里拿着两根小棒，将小棒举过了头顶，但是他没有注意到从后面经过的希希，不小心打到了希希的头。

于是两个人追逐起来，渐渐玩起了对打的游戏，亨亨还时不时地找东西遮挡。

而此时的睿睿一边拿着小棒一边骑着小车，超超则把小棒插进旁边的底座并举起来当自己的"武器"。

游戏快结束时，恩恩对追逐打闹的亨亨与希希说："玩小棒的时候不能打来打去，可以玩别的小棒游戏。"

希希："那玩什么游戏呢？"

昊昊："小棒可以用来划船呀。"

轩轩："小棒也可以用来当红绿灯啊！"

超超："也可以用来当大喇叭的杆子。"

恩恩："我们玩小棒的时候要注意安全，不能打到别人。"

依依："可以用小棒来搭建一个小房子。"

游戏结束后，几名小朋友约好下次一起玩别的游戏。

小棒新玩法

再次来到户外场地，恺恺把一个塑料多孔小桶套在了塑料小棒上，然后大声喊着："看，这是我的大喇叭！"

恩恩凑过来看。

恺恺："我的大喇叭可以播报天气预报。"

恩恩看后，拿着两根塑料小棒坐进小车里，两只小手划动着两根小棒，就像船桨划动着小船一样。

"老师！快看我的小船！划得快不快！"恩恩一边划一边喊着。

玲玲开动脑筋，邀请佳佳跟她一起搭帐篷。

玲玲："我们一起来搭个小帐篷，可以在里面吃好吃的！"

佳佳："可以呀！可是小帐篷要怎么搭呢？"

玲玲："就是像这样呀！"说着拿起了三根小棒给佳佳比划了一下。

但是只要一松手，小棒就全部散了！

她们反复试了几次都没成功。

"这可怎么办呢？"佳佳问。

玲玲："我们可以用小绳子把它绑起来！"

佳佳："这是个好主意！可是现在没有绳子呀。"

玲玲想了想，看向老师的手，走过去问："老师，我可以用你手上的皮筋吗？"

借来了老师的皮筋，她们用皮筋把小棒捆绑在一起，先绑两根，

再套进去一根。然后她们将三根小棒的腿慢慢地岔开来，小帐篷的骨架就搭好了！

改造帐篷

上次佳佳和玲玲的帐篷吸引了小朋友们，再次游戏时，就有其他幼儿加入了她们。

搭帐篷顺利进行中，当大家快完工的时候，右右走了过来，说道："这样子会倒下来的！还要再多一根小棒。"说着就拿着一根小棒走了过来。

佳佳："这根小棒加在哪里好呢？"

玲玲把这根小棒像第三根小棒的方法一样，插入中间，然后四根小棒岔开来，这样的帐篷看上去更稳定了。

依依还细心地调整了一下。

他们邀请老师一起欣赏他们的成果："老师，快过来看！我们的小帐篷搭好啦！"

老师对他们搭的小帐篷表示赞赏。

这时，思思从旁边走了过来，看到小帐篷，便赶紧钻了进去，坐了下来,"哇,这是一个小房子诶!"

"这是小帐篷,不是小房子。"右右大声解释。

思思:"你们可以把帐篷搭在垫子上,坐上去就会舒服了。"

大家觉得有道理,采取了思思的建议。

那么新的问题来了。

思思:"可是下雨了怎么办呢?"

右右:"可以盖一块布!"说着就跑到教室里拿了一块布出来,给小帐篷盖上。

"这下就不会淋到雨了!"大家心满意足地说。

小帐篷搭好后,大家迫不及待的要钻到小帐篷里面去。

但很快,一阵风吹过来,小帐篷慢慢倒塌了。

佳佳喊道:"帐篷塌了。"

右右赶紧把小帐篷扶起来,但很快又倒了下去。

萱萱:"我想到一个办法,可以拿块布垫在底下。"说着找来一块布垫在了小帐篷的底下。

但小帐篷刚放稳,没过几分钟,又倒了。

"它又倒了,这块布不行!"

昊昊四处张望着,看到一些小

136

棒立在一边没有倒下来，便跑过去查看那些立着的小棒，然后跑回来说："那些小棒下面有一个东西，插在上面的，所以才不会倒下来，我们也可以用那个方法。"

佳佳和右右去器械棚找了半天，没有找到可以插在上面的东西。

看到佳佳和右右空手回来，昊昊又跑去了器械棚。

不一会儿，昊昊拿了很多跨栏的"脚"。

昊昊："这个可以试试！"

欣欣细心地把小帐篷的一根根小棒插进了"脚"里。

 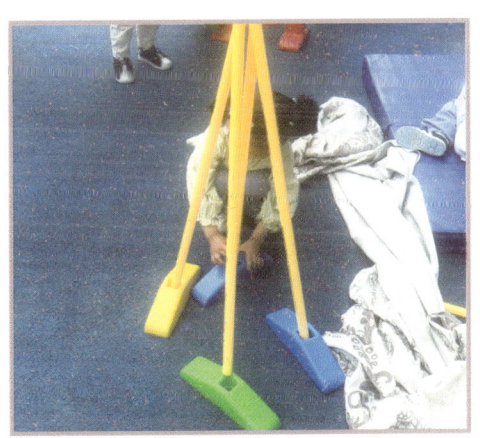

然后又把帐篷的布盖了上去！

一个帐篷终于大功告成！

他们欢呼起来。

分析评价

幼儿们对于"塑料小棒"的出现，产生了浓厚的兴趣，从初次接触的盲目玩，到后来划船玩，再到后来的搭帐篷，不断探索着小棒的新玩法。恩恩提醒伙伴用小棒追逐打闹要注意安全，说明幼儿具备了一定的安全意识，知道提醒同伴避免危险的玩法。后面恩恩想到划船游戏，说明他能够迁移生活经验，开拓了思路。而玲玲联想到自己去野餐而提出搭帐篷，说明她的经验比较丰富，并且能够较好地调动经验和运用经验。如果前面体现的是个人的想法，那么改造帐篷则表现出了集体的智慧，四脚帐篷更稳了、放了垫子后更舒服了、盖上布后可以挡雨、每根小棒插在"脚"上不容易被吹倒了，这一系列环节都体现了团队合作和互帮互助。

　　游戏中，教师作为观察者、支持者，给予了幼儿自由，充分发挥了幼儿的主动性，让他们在游戏中主动思考、勇于创新、大胆实践，不断提高了游戏能力。

下一步支持

引导幼儿积极发散思维，进一步创造出更多新玩法。

浙江省嘉兴市海宁市许村镇塘桥幼儿园　沈琦亚

快乐爬爬爬

游戏背景

爬行是幼儿最早的身体移动方式，学会行走后幼儿虽然较少使用攀、钻、爬等动作作为移动方式，但是6岁前的幼儿仍然喜爱攀爬、钻爬。通过攀、钻、爬这些运动，幼儿的空间感和本体感得到了锻炼，幼儿的身体素质和心理素质也得到了发展。攀爬的动作有助于增强幼儿四肢肌肉力量，提高手的抓握力量，促进幼儿平衡能力、敏捷性和协调性的发展。小班下学期，幼儿的各方面能力都得到了很好的发展，他们在玩爬行游戏的过程中会适当增加一些挑战，进一步提高自己的能力。

游戏地点

户外场地

观察班级

小班

> 观察实录

爬行比赛

户外游戏中，几个幼儿趴在地上，奋力地向前爬着、笑着，闹成一团。

瑶瑶小朋友忽然说："我们来比赛吧，看谁爬得最快。"

幼儿们开始比赛啦……

他们都想取得胜利，非常快速地向前爬着。

妍妍因爬行速度过快导致不稳，快到终点时摔倒了，还有几个小朋友都爬着爬着跑了起来，只有樊樊很慢地向前爬行。

到终点时，樊樊站起来说："你们爬得都不对。老师说过爬的时候手和膝盖要放在地上，一样宽，头要抬起来一点，后背要挺得直直的，眼睛向前面看，手和膝盖一左一右的配合向前爬才对。"

瑶瑶接着说："我还记得老师说爬的时候身体要保持平衡、要协调，不能摔倒才可以。"

"那我们再比一次吧。"

于是幼儿们再一次比赛，这一次他们都想着要按正确的姿势爬行，速度慢了很多……

瑶瑶到达终点后说："这样不好玩，太慢了。"

诺诺也说："太慢了，我们还是快一点吧。"

他们再次比赛，速度快了就会有幼儿摔倒。

瑶瑶提出："我们多练习几遍，再来比赛吧。"

她的提议获得了小朋友的一致认可。

改变游戏玩法

户外游戏时间到了，幼儿们又玩起了爬行游戏。

妍妍提出："我们换一种玩法吧，横着爬，看谁爬得最快。"

她的提议立刻得到了其他幼儿的响应。

幼儿们在探索横向爬行时，由于不熟练，手脚配合的不协调，导致横爬路线偏离，越来越斜，两轮之后才慢慢熟悉。

几轮后，小朋友觉得"只是爬，太无聊了"而选择去玩其他的游戏。

瑶瑶看着大家说："我们可以像开汽车那样玩呀。"

新的玩法激起了幼儿们的游戏兴趣。

他们很快找到玩伴，两人一组，一个开一个爬。

沐沐迟迟不敢发出邀请，瑶瑶过来说："沐沐，我们一组吧。"沐沐很开心地加入了比赛。

让比赛更具挑战性

幼儿们再次玩爬行游戏时，不仅增加了难度，还设置了关卡进行比赛。

昊昊提醒大家："大家需要通过障碍物，看谁能动作规范并最快到达终点。"

他们需要爬攀爬架和平衡木。

幼儿们的比赛顺利进行，欢乐一片。

墨墨看到大家玩得很开心,也主动要求参与到比赛中,但是当他爬上攀爬架的时候问题出现了。攀爬架很高,墨墨停在那里不敢继续爬了,后面的小朋友都很着急。

瑶瑶建议:"墨墨,你可以去爬那个墙,那个也算的。"

墨墨从攀爬架下来去爬墙,还是有点害怕。

瑶瑶爬上去说:"我跟你一起爬。"

墨墨逐渐克服害怕,成功爬了过去,跟大家开心地玩游戏。

分析评价

爬行可以锻炼幼儿的手脚协调能力,只有手脚配合协调才能很好地爬行。游戏的关键在于自主性,爬行游戏是幼儿自发组织的,并不断变换玩法,兴趣一直在线。一成不变的游戏玩法很容易使幼儿失去兴趣,会降低他们参与的积极性,他们从最开始的爬行到横向爬行到开汽车爬行再到爬过障碍物比赛,不断变换着花样,使自身参与游戏的积极性持续高涨。只要幼儿做了游戏的主人,就会不断思考、分析问题、提出建议,让游戏向更高水平发展,他们不仅体验了爬行游戏的乐趣，也锻炼了运动技能。在游戏中，墨墨由于怕高不敢爬晃动的攀爬架，瑶瑶提出让他去爬墙，并在墨墨仍然害怕的情况下，愿意陪他一起爬，帮他克服恐惧，表现了关爱同伴、帮助同伴解决问题的可贵品质。

作为教师，应扮演好支持者的角色，追随幼儿的兴趣，支持他们的想法，为他们提供需要的材料。当幼儿遇到困难时，让他们自己想解决办法，相信他们的能力，幼儿们对通过思考、讨论寻找到的解决方法的印象要深刻得多，在以后遇到类似难题时，他们能更快地唤醒保留在记忆中的经验。

下一步支持

1.每一名幼儿的发展需求不同，在游戏中教师应采取从观察到识别，再实施有针对性、阶段性、系统性的活动来支持幼儿的需要。

2.充分利用现有的环境和器材尽可能多的为幼儿营造丰富多变的活动环境，赋予环境情境性，激发幼儿运动的内在动机。

3.利用具有游戏性、竞赛性、挑战性的运动任务，帮助幼儿产生面对任务时积极主动的内在动机，自主自发地参与到体育活动中来。

安徽省长丰县直属机关幼儿园城南分园　陶仁宏林

保卫幼儿园

游戏背景

幼儿园进行了防汛演练，幼儿们对于"洪水来了怎么办？"有了一定的认知。幼儿们喜欢玩沙，鉴于新学习的防汛知识，他们学以致用，想在沙与水的结合中，种树、挖河道，保卫我们的幼儿园。

游戏地点

户外沙池区

观察班级

小班

观察实录

大家一起种树

当他们确定要保卫幼儿园时，便兴高采烈地换好雨鞋，拿好自己的小桶、小铲子快速地进入了沙池。

他们在兴奋地干着"工作"。

突然，听见有幼儿在吵。

瑞瑞喊着："不，这是我的树，我自己来！"

其他幼儿看到瑞瑞发了脾气，都离开了那个地方，留他一个人种树。

这时，梦梦拖来了一棵树，学着瑞瑞的样子种起来，可是树太重，一个人扶不住，还需要一个人埋沙子。

毕竟是小班幼儿，加上梦梦比较内向、胆小，不会主动寻求他人的帮助，教师主动问："梦梦，你需要帮助吗？"

梦梦不说话，点了点头。

老师走到幼儿中喊了一句："梦梦种树需要小朋友的帮助，哪个小朋友可以和梦梦一起种树呀？"

潇潇、薇薇、硕硕迅速地加入了梦梦的队伍，有挖坑的、有扶树的、有埋沙子的。

人多力量大，不一会儿的功夫一棵棵小树拔地而起，梦梦也露出了笑容。

可瑞瑞还在一个人费劲地边扶树边埋土，虽然小树也种好了，但是一松手树就会歪倒。

这时，梦梦主动跑到瑞瑞身边小声问："需要我帮你埋土吗？"

瑞瑞看了看他们种好的树，

点点头。

瑞瑞在和梦梦合力种好一棵树后，邀请大家一起种树。

在大家的帮助下，瑞瑞的树很快就种完了。

搭河道

到了第二阶段，要搭河道了。

君君招呼大家："快来呀，快来呀，我们一起搭河道呀！"

他们搬来PVC管，一个一个连接起来。

不一会儿，一条长长的河道就完成了。

昊昊："我们通水试试吧。"

但在通水的过程中，管道的连接处不断地流水，流出来的水全都跑到了沙子里，渗下去。

昊昊："需要用手扶住水管才可以，不然水会跑出来。"

硕硕："我们可以把水管往管子里插得深一些。"

瑞瑞："可以把管子垫高。"

他们尝试了几种方法都失败了，水还是不断从水管的连接处流出。

还有的幼儿往水管处埋沙

子，可这样也没有阻止水的流出。

总是不成功，昊昊说："要不我们挖河道吧。"

"怎么挖呀？"瑞瑞问。

昊昊："就是挖一条沟。"

一开始他们各挖各的，昊昊急了："我们一起挖啊，挖成长长的。"

于是大家排成一长排，一起挖河道。

在大家的齐心协力下，河道很快挖好了。

可是当水开始流时，新的问题又出现了，水流着流着就不见了。

依依："水都进沙子里了。"

昊昊："在防汛演练时，都有沙袋的。"

玲玲拉着梦梦："我们去找一些垃圾袋吧。"

依依："塑料袋也可以，我下雨的时候披过塑料袋，是防水的。"

于是他们去材料室找来很多塑料袋，然后铺在河道里。

再次通水时，水没有再渗下去。

幼儿们兴奋地跳着、唱着，可高兴了呢！

分析评价

小班幼儿喜欢玩沙，在学习了防汛知识后，想到了遇到洪水时要保卫幼儿园，以及为幼儿园种树、搭河道等。小班幼儿的合作意识还不强，在种树时通过瑞瑞不许别的小朋友碰他的小树苗就可以看得出来。但是得到了梦梦的帮助后，瑞瑞感受到了同伴的力量，愿意主动邀请小朋友跟自己一起种树，这是培养幼儿合作意识的有效方式。

在用管道搭河道的过程中，幼儿发现了问题，但由于年龄小、能力有限，不能很好地解决管道连接处漏水的问题。但这并没有打击到幼儿的游戏积极性，而出人意料的想到通过挖河道解决问题，这表明幼儿在遇到问题时乐于思考、不回避的可贵品质。

在挖河道的过程中，昊昊提议大家把河道挖得长长的，具备了一定的领导意识，能够组织大家齐心协力挖河道。当河道渗水时，他们通过学习到的使用沙袋防汛的知识联想到垃圾袋，然后又经验迁移联想到防水的塑料袋，一次次的交流碰撞，不断推动游戏的前进发展，而幼儿最终解决了问题，游戏水平也得到了较大的提高。

下一步支持

1.给幼儿提供丰富的材料和适宜的工具，支持幼儿在游戏过程中探索并感知常见物质材料的特性和物体的结构特点。

2.帮助幼儿回顾自己的探究过程，讨论自己做了什么，怎样做的，以加深经验。

3.支持、引导幼儿学习用适宜的方法探究和解决问题，鼓励和引导幼儿学习做简单的记录和计划，并与他人分享。

山东省滨州市滨城区第八实验幼儿园 柴鑫鑫

中 班

❋ 竹林办家家 ❋

游戏背景

幼儿园里有一处幽静翠绿、重重叠叠的竹林，在这里每天都"藏"着一群可爱的幼儿，他们打破了竹林的幽静，尽情地嬉戏玩耍、探索发现，时而高歌欢笑，时而低语探秘……这里是幼儿们快乐的游戏场，也是他们学习成长的乐园。

游戏地点

幼儿园竹林

观察班级

中班

观察实录

初建灶台

幼儿们和往常一样来到竹林，他们各自忙着自己的"工作"。远远、曦曦、铭铭三个小朋友拿来了几块砖头，在竹林的空地上搭了一个小小的灶台，还拿来了锅、碗、青草、菜根，开始了他们"办家家"的游戏。

鑫鑫、泽泽看见了，他们俩也来到一堆砖头跟前，将几块砖头拼接在一起。然后，找来了锅、铲子、刀子等一些工具，在砖头做的"菜板"上切起"食材"。

鑫鑫："泽泽，你再去捡一些树叶过来做饭吃。"

丹丹凑过来："你们没有碗和筷子，没法吃。"

博博加入他们："我想喝汤，我去摘些花、草，然后取水。"

泽泽揪了一些绿叶子当菜，递给鑫鑫。

丹丹则找来了一些瓦片和树枝，当作碗和筷子。

鑫鑫很快做好了饭菜和汤，大家伙一起"享用"。

这时，苒苒说："我们唱歌跳舞吧。"

大家一边吃，一边表演。

又建灶台

幼儿们再次来到竹林，这次吸引了更多的小朋友参与到"办家

151

家"的游戏中。

天天、丹丹、俊俊、伊伊他们几个幼儿一起用砖头搭建了几个形态各异的灶台和餐桌、板凳等。

灶台建好以后，他们又找来大小不同的"锅"，放在灶台上不断地调整位置。

搭建完自己满意的灶台后，他们又去捡拾一些掉落的竹叶、竹枝、小草和树枝，作为食材或柴火，然后开始"烧火做饭"的游戏。

天天拿着勺子在锅里不停的翻炒，丹丹则在旁边锅底下开始烧火。

天天一边翻炒一边对丹丹说："菜都炒糊了，快拽出去一点。"

丹丹把柴火拿出去了一点。

天天炒完后，丹丹拿来碗盛饭，大家开始吃。

当锅里剩下最后一勺时，天天："最后一勺给我吧。"

俊俊："给我，给我。"

天天犹豫了一下，他看了一眼丹丹的碗，丹丹碗里的菜更少，他就添到了丹丹碗里。

吃完后，他们表示没吃饱。

丹丹围着灶台："我们的灶台应该改一下。"

丹丹拿来一块石头放在灶台上："这个石头是按钮，按一下就可以自动炒菜了，我来给大

家做面条。"

安装了按钮后，面条很快就做好了，大家再次享用起来。

再建灶台

随着游戏的推进，他们一起商量要建一个大大的灶台，上面还要放一口大大的锅，里面可以做很多饭，让所有的小朋友都能"吃"到。

于是，这一次他们选择小组合作，搬来砖头并建成一个圆形锅灶的形状，在一处留有一个缺口做灶口。

就这样他们一层一层的向上垒高，一边垒一边数："一层、两层、三层……"很快灶台就建好了。

灶台建好之后，俊俊："我们需要一个大锅。"

大家在幼儿园的各个地方逐一寻找适合他们使用的"大锅"。

最后，曦曦发现在竹林旁的沙池

边上藏着一个"超大"的蓝色"陀螺"，她喊来大家把这个大"陀螺"搬运过来，然后齐心协力地抬上灶台后，刚好合适！

幼儿们兴奋地拍手庆祝。

接下来，他们开始分头行动，有的去找食材，有的去找大铲子……找来了食材和锅碗瓢盆，他们开始制作美食。

苒苒把小草放在了锅里："这些小草可以当调料。"

鑫鑫找来几个乒乓球放在锅里："这是鸡蛋。"

铭铭拿来了一块砖头，把它放进锅里，告诉小伙伴："这是牛肉。"

锅里的食材越来越丰富。

一会儿一锅美味就做好了，幼儿们一个个迫不及待地拿着碗要盛一碗出来品尝。

瑶瑶看了看没有筷子，发现旁边的地垫上摆着几筐自然材料，就端来了一筐小木棍，说："这里的小木棍可以当筷子使用，我们就用小木棍来吃饭吧！"

分析评价

竹林游戏看似只是幼儿们一个简单的"办家家"游戏，但在游戏中他们都能够积极主动参与。"直接感知、实际操作、亲身体验"正是他们在游戏中的学习方式与特点。

游戏中幼儿们搭建灶台的时候，能够运用已知的数学知识目测灶台的高度、使用交错与叠放垒高的方式搭建灶台。在群体合作中，他们分工明确，各司其职，积极主动地承担自己的"职务"。在游戏中，他们一次次探索实践，不断成长，不断调整、丰富并拓展游戏的情境与方式、积累经验。从观察体验中发现事物，然后通过实践尝试解决问题。游戏中他们的学习和发展是不断发生的，能够有效提升幼儿的思维意识，增强他们的交往能力，构建出属于他们的一方"乐园"。

幼儿在自发的游戏中，做游戏的主人，会充分表现自己，不断创造，是主动的学习者。作为教师，不仅要遵循幼儿的天性，更要尊重幼儿的选择。读懂幼儿，比教育更重要。教师只有真实的解读和观察幼儿，才能看见"不一样"的创造。

下一步支持

开展竹子创意绘画活动，引导幼儿发现竹子的秘密，衍生出更多的探索行为。

江苏省宿迁市第一实验小学幼儿园 程春平

✹ 沙池引水 ✹

游戏背景

玩水玩沙游戏是幼儿们最喜欢的户外自主游戏之一。每次幼儿们一进入沙池区就会用铲子、耙子等基本玩沙工具在沙池中随意地挖挖坑、堆堆堡垒，但大多是自顾自地游戏，少有合作的现象。而自从在沙池中新增了PVC粗细不同的管子、锅碗瓢盆后，幼儿们的兴致更高了，时常能听到沙池区幼儿们的欢声笑语。

游戏地点

户外沙池区

观察班级

中班

观察实录

找雨水

户外游戏开始了，好雨正当时，雨水和沙子相融合，给幼儿们增添了新的乐趣。

凯凯找到一个已经接满了雨水的小盆，然后拿来一根弯曲的PVC管，将管子放在水盆中。

他先将PVC管的短头放进水盆中，发现没有什么变化；第二次将水管的长头插进水盆中，结果管子倾倒了；第三次将管子长头插进水盆中，短头倾斜在水盆的边上，然后出水了。他兴奋地喊道："老师，快看，出水了！"

教师看到这一现象，发自内心地替凯凯高兴，便紧接着问："凯凯，为什么这个水管会出水呢？"

凯凯想了半天没有回应，此时昊昊从旁边跑过来，指着那个水管说："我知道，因为这个盆里有水，所以管子放进去就会出水。"

后来水管不出水了，昊昊看看教师，又看看水管，没有吱声。

"这会儿怎么不出水了呢？"教师打破沉默。

昊昊说："盆里没有水了。"说完，昊昊开始招呼身边的小伙伴

找水。

大家都急忙帮昊昊找水，有的从锅里倒水，有的从旁边的桶里倒水……

引流改造

就在大家忙成一团之时，瑞瑞却在不停地挖着什么，教师走过去问他："瑞瑞，你在做什么？"

瑞瑞边挖边说："我在挖管道呢。老师，你看这个滑梯上还有雨水，我可以在这放很长的管子，滑梯上的雨水就能流到盆里了。"

说话的时间，他边挖边把一根红色的管子放在自己挖好的坑中，还在上边盖了一些沙子。第一个管道就铺好了。

他开始进行第二个管道的铺设，在放第二根红色管子的时候，还不忘用小手不停地往外扒拉管口的沙子。

周围的小伙伴看见了，也都纷纷来帮忙：有的拿来红色的长管，

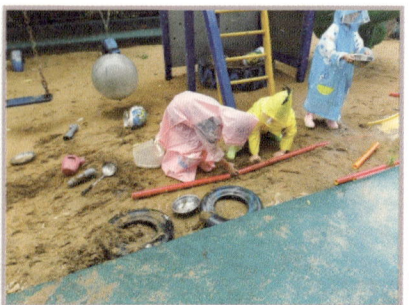

有的帮忙一起挖管道，有的在另一头挖了一个大沙坑，还有的从滑梯上用铲子、勺子向第一根管子的方向送水……

在大家的帮助下，管道终于铺设好了。

但是没有水流出，瑞瑞走向第一根管道的一端，重复着往外扒拉管口的沙子，发现第二根和第一根管口对接的位置被沙子堵死了。

水到渠成

铺设管道让水从管道里流出来的方法失败后，小伙伴们放弃用水管运水的法子，想尝试用其他的方法寻找雨水。恰巧在此时，又下起了小雨，幼儿们利用各种工具接雨水。

昊昊赶紧把接水的水盆和弯曲的PVC管子找出来摆好，水盆很快接满了雨水，水管也开始往外滴水。他开心地跟小伙伴分享了喜悦。但是水滴到大沙坑里之后就渗进去了，昊昊于是找来一个小盆放在了出水的位置。

新问题又出现了，水管两边放了水盆，但是不流水了，昊昊看

着有些着急。

蹲在一旁的苹苹说:"我妈妈跟我说过,水是从高的地方往低的地方流的。"

在苹苹的提醒下,昊昊虽知道了水流的方向,但是不知道该怎么做,只见苹苹把大盆端起来放在地势比较高的地方,可还是不出水。苹苹一只手端着大水盆,一只手拿着弯曲的PVC管,往管子里注水,嘴里还说道:"这样就好了。"

教师看到后问:"这样是可以将水从管子里输送到小盆里,可是,这样的话我们的手会很累,怎样才能不用我们的手去端和拿,水也能流进小盆里呢?"

昊昊想了想,拿起沙铲挖出了一个有坡度的沙堆,然后小心翼翼地把大盆和小盆放在相关位置。

通过不断调整,终于在不需要用手把扶的情况下,管子可以出水了,昊昊开心地笑了。

分析评价

幼儿的游戏中蕴藏着丰富的教育价值，沙子和水没有固定的形状，可塑性、操作性强，幼儿们充分利用材料，结合雨天的特殊情况，玩起了引水游戏。在游戏过程中，幼儿的游戏经验呈小步递增，教师的有效支持和助推更好地促进了幼儿的深度探究，为幼儿的发展提供了更大可能。

通过游戏可以发现，在游戏中他们积极动手动脑，遇到问题能够自行想办法解决，同伴之间的交往能力明显增强。通过挖——铺——埋——扒等动作表现，能看出幼儿的已有经验比较丰富。一次次的尝试，表现了幼儿具有一定的坚持性；一次次的失败，幼儿没有放弃，说明幼儿已初步具备发现问题与解决问题的能力。通过同伴间的交流和实验，他们逐渐掌握水往低处流的原理，使在游戏中遇到的问题得以解决，最终收获成功的喜悦。在幼儿的游戏中，教师适当的介入，不但没有打扰和干涉幼儿的思路，更在幼儿们思维受困之时，给予适当的提问与建议，帮助幼儿发展思维，多方思考，培养了孩子们的思维能力。

下一步支持

生成相关主题课程，让幼儿继续探索水与沙的游戏。

山东省威海火炬高技术产业开发区金螺号幼儿园

王萍萍 刘琳 赛甜甜

✲ 水上乐园 ✲

游戏背景

玩水一直深受小朋友们的喜爱，夏天到了，幼儿园为幼儿们在操场上搭建了一个大大的泳池，让他们度过了一个快乐的夏天。狂欢结束以后，幼儿们的兴趣并没有结束，在进行户外自主游戏的时候，经常会发现有几个好朋友凑在一起，兴高采烈地表达自己的游戏经验，在分享和讨论中，他们搭建水上乐园的想法一拍即合。

游戏地点

户外水池

观察班级

中班

观察实录

初建水上乐园

几名小伙伴确定要搭建"水上乐园"后，便你一言我一语地讨论着搭建场地。

悦悦："在沙池里搭吧，我们可以玩沙子。"

华华："水上乐园要在水池里搭。"

然然："我去过的水上乐园都是在水里的，我们还是在水池搭吧！"

大家都同意然然的说法。

华华："水上乐园有大滑梯，可以拐弯的。"

鑫鑫："我要造一个喷泉。"

……

在小朋友们讨论的同时，欣欣开口："我们先来画个设计图吧，这样大家就能按照画的图一起搭了。"说完便顺势拿起画笔开始一边绘制一边解说。

不一会儿，水上乐园的设计图就画好了，他们还集中讨论并进行了优化。

设计图完成后，他们兴冲冲地跑到水池边开始了搭建活动。

"咱们先去搬玩具，那边的材料柜有玩水的玩具。"然然提出了所需的游戏材料，得到了其他小朋友的一致赞同，他们一起向沙水区的材料柜跑去，来回跑动着搬运材料。

跑了两趟之后，华华放下手里的材料："沙水区和水池离的也太远了，这要搬到什么时候呀？"

鑫鑫："搭建区有装玩具的车，我们用玩具车运吧。"话刚说完，幼儿们都要跑过去找小车。

"哎呀等等，你们怎么都去了啊。"然然急了，"留几个人在这，我们把材料搬出来，一会把车推

过来就可以直接运走了。"

鑫鑫："那我们分成两队，一队推车，一队搬运材料。"

找来小车后，大家齐心合力，材料很快运输完毕。

运送完材料后，搭建活动正式开始了。

然然："我们要按照设计图搭，先来搭个弯弯长长的滑梯。"

华华和鑫鑫搬来了长长的剖面管道，作为大滑梯的起始部分，静静和悦悦负责找到连接管道的底座，然然和欣欣进行搭建和拼接。

大家一起把长长的剖面管利用平铺、拼接、转接的方式搭建在一起，建成了一个滑道。

然然不时的将手里的半空心衔接材料倒过来舀水，管道里的水流动起来了。

随着水上乐园的滑梯慢慢成型，华华："这个水流真慢。"

鑫鑫指着管道的另一头："这边没水。"

欣欣试图多舀水，效果好了一些。

水上乐园改造记

鉴于初次搭建水上乐园不太理想，幼儿们一直想着如何进行优化改造。

然然为大家提供了她周末去水上乐园拍的照片。

几名小伙伴挤在一起研究，经过激烈地讨论后，重新设计了图纸。

图纸设计好后，水上乐园改造计划就开始了。

欣欣："我们的滑梯都是从高到低的，这个滑梯是平的，太平了所以才不能滑动。"

然然："那我们把水上乐园改造一下，得先做一个高的地方，然后从高的地方慢慢往下。"

欣欣把不同大小的材料放在一起比较，选择了同样大小的底座进行连接，然然则找来剖面管连接好。

在然然的带领下，他们边商量边尝试着用不同数量的底座接头，然后进行垒高。他们将起点架高之后，连接上剖面管，按照从高到低的顺序将剖面管道延续下去。

鑫鑫遇到拐弯的时候，由于底座不合适，导致剖面管无法固定。

欣欣看到后："找个可以拐弯的底座试试。"

鑫鑫换了几个底座，反复尝试后，终于找到合适的管道。延续搭建了一段距离后，华华拿出海洋球进行尝试，当把海洋球放在剖面管上后，海洋球自己往前滚去。

"哇！我们成功了！"华华开心地大喊。

"我们还没放水呢，小球怎么跑得这么快呀？"欣欣问。

"因为这是斜的呀。"然然说。

发现这个方式可行后，小朋友们干劲十足。

这时，鑫鑫："设计图上还有其他地方要搭建，要不我们分工吧，这样更快一点。"

然然："那我和静静搭隧道滑梯。"

悦悦："鑫鑫，咱俩一起搭泳池和隧道吧。"

分工明确后，他们开始搭建起来。

悦悦和鑫鑫搬来了轮胎，立起来让剖面管从中间穿过，作隧道。之后又将轮胎放倒当泳池，但是塑料轮胎放倒后在水里漂了起来。

悦悦："这个太轻了，漂起来了。"

鑫鑫："我去换成重的轮胎。"

做好隧道和泳池后,悦悦和鑫鑫找来了PVC管和塑料袋,在塑料袋上扎了很多洞放在PVC管上,喷泉就做好了。

悦悦:"还有游乐场大门,用什么做呢?"

幼儿们环顾四周,找了半天都没找到合适的材料。

鑫鑫跑到旁边的木屋里看了看,招呼大家:"我们用木梯试试吧。"

由于梯子放在靠里面的位置且比较沉,不太好拿,他们向老师寻求帮助。

在老师的帮助下,他们顺利取了木梯,做好了大门。

完成各自搭建的部分后,大家欣赏着搭建的成果,议论着游泳池、喷水区……

然然:"我们还差个更衣室。"

静静:"那我们可以用垫子做更衣室。"

他们将两个垫子合围在一起,然后架高一个垫子做顶棚,一个私密的更衣室就完成了。

为了区分男女更衣室,他们又做了一个。更衣室上放蓝色轮胎代表男生更衣室,放红色轮胎代表女生更衣室。

经过各组分工合作,"水上乐园"终于竣工,他们激动地放上水管进行试验,这次海洋球成功的顺着剖面管向前滑动,她们激动地喊道:"水上乐园"成功了!

分析评价

搭建"水上乐园"这一想法出自幼儿的兴趣，幼儿能够根据自己的想法生成统一的游戏主题，并且进行游戏效果的预设，绘制设计图，整个过程由幼儿自主完成，充分体现了幼儿的自主性。

从搭建"水上乐园"的构思到"水上乐园"完工，经过了绘制设计图——挑选游戏场地——挑选材料——运输材料——尝试搭建——多次调整——搭建成功等步骤，幼儿在每个步骤中都面临了不同的挑战，他们不气馁，积极面对问题，解决问题，最终搭建成功，不仅提高了建构水平还获得了愉快的游戏体验，综合能力也得到了提高。

"水上乐园"的搭建是一个大工程，幼儿们在搭建之初能够听从同伴的意见进行合作，说明他们在游戏的过程中善于聆听同伴的意见，有一定的规则意识和合作意识。每个幼儿的搭建经验不同，他们能在搭建的过程中及时调整自己的想法，将滑梯进行架高，说明幼儿在游戏中是善于思考和能够接受启发的。而搭建男女更衣室则源于幼儿的生活经验，体现了性别意识、自我保护意识的增强。在搭建过程中，幼儿解决问题时，体现了他们的游戏智慧、思维多元化与发散性，是主动的学习者。

作为教师，以旁观者的身份观察记录游戏过程，不仅给幼儿提供了自主选择的时间、空间，还将游戏的自主权交到幼儿手上，让幼儿能够在游戏中通过自主探索积累经验、提高能力，不断获得成长。

下一步支持

继续追随幼儿游戏的深入开展，适时给予支持，促进幼儿的深度学习。

山东省威海市环翠区祥云幼儿园 邹静 李士爽

✽ "骑"乐无穷 ✽

游戏背景

中班幼儿喜欢接触新事物，在活动中开始有了自己的想法，愿意和同伴一起讨论、尝试、操作，乐在其中。骑行区作为幼儿们每天户外游戏的重要区域，与幼儿密切联系，开展骑行区活动涉及幼儿学习的多个领域知识，还可以培养幼儿多种能力，激发幼儿多种情感。

游戏地点

户外骑行区

观察班级

中班

观察实录

讨论小车驾驶技能考试项目

随着幼儿们多次玩骑行游戏，逐渐发现了一些问题，有些幼儿总是撞到人，有些幼儿骑车到处跑……

对于这些问题，大家聚在一起讨论解决的方法。

然然："很多车子之间都相互碰撞了。"

贝贝："我看见佳佳跟其他小朋友骑得方向不同。"

远远："我发现轩轩经常在骑到一半时就掉头了。"

玲玲："还有小朋友骑着骑着就把车子停在路上，自己走了。"

昊昊："他们不遵守交通规则。"

贝贝："这样警察叔叔是会扣分的。"

欣欣："那我们可不可以也给他们扣分？"

依依："有驾照才能扣分呀，我爸爸的驾照考了很久呢。"

琪琪："那我们先玩考驾照游戏吧，谁拿到驾照谁就可以骑车。"

依依："那个好难的。"

璐璐："我妈妈就去参加驾照考试了，因为她要开汽车。"

经过深入的讨论，大家觉得有一定难度，向老师咨询考驾照的事情，老师做了简单科普后，幼儿们依然愁眉不展。

第二天再次游戏时，几名幼儿分享了晚上在爸爸妈妈那里学到的经验，打算尝试一把。

哲哲："在汽车学校需要跟教练学习转弯。"

团团："还要学会骑S型路线，我妈妈就学过。"

佳佳："要学习停车、倒车。"

宁宁："还要学习上坡。"

蓓蓓："还要知道交通规则，遵守交通规则。"

小雪："还要知道刹车、油门。"

昊昊灵机一动："咱们来设计考题吧。"

他们找来纸和笔，通过绘画的方式自主设计了小车的驾驶技能考试项目。

欣欣："我要练习绕桩骑车。"

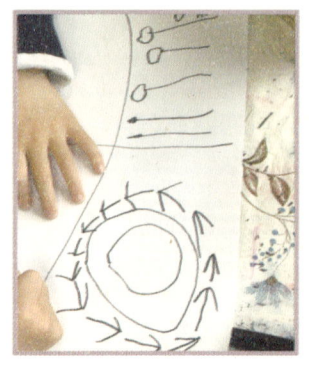 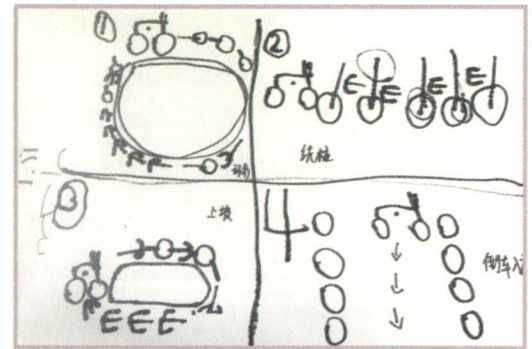

佳佳："我要沿着花坛练习骑车。"

然然："我想利用垫子搭个车库，我可以倒车入库。"

西西："我喜欢将车子骑到小坡上去，我想去考上坡骑车。"

幼儿将自己的想法逐一画出来，最终以投票方式选出了4个项目作为此次小车驾驶技能考试内容。

项目练习

项目1：环骑

环骑练习比较简单，就是幼儿们骑着小车环绕着周围骑行一圈。

项目2：绕桩

绕桩练习时，只见贝贝穿着警察服手里拿着许多桩子，依次间隔1米将它们摆放在路上，对着来往的学员说："考试了，考试了，一个接一个的考试。"

学员们听了他的话，一个一个从桩子那里绕成了S型。

贝贝还提醒道："眼睛看清

楚，车子碰到桩就算输了，要考试不合格的哦!"

听了贝贝的话大家都小心地骑着车子绕桩。

项目3：上坡骑行

上坡骑行的游戏前，佳佳和贝贝找来了一个垫子、几块长的木板并将它们组合摆放在一起，这样一个陡坡就做好了。

他们开始练习上坡骑行。

当他们骑了一圈来到坡上时，发现车子的轮胎卡在了陡坡的接口处怎么也上不去。

于是佳佳往后退了退，然后加快骑行速度，骑过了小坡。

而贝贝在遇到上坡骑不上去时，则是直接站起来把车子一抬，抬了过去。

佳佳看到后，向贝贝分享了自己的方法，贝贝很快掌握了要领。

项目4：倒车入库

倒车入库的游戏时，然然骑着车子来到了放垫子的车棚那里。

只见他将2个垫子竖起来放，变成一个车库，说："今天我要来练习倒车入库。"

第一次倒车时，车子卡住了，他下车调整了车轮的方向，慢慢将车子倒了进去。

171

然然的动作引来了欣欣、宇宇的关注，他们也来练习倒车入库。

大家都将车子倒进一个车库里，导致游戏不能进行。

然然："等一等，我再建几个车库，你们再来玩。"

于是他又建了5个车库，还找来笔和纸给车库编号。

设计车牌

经过为期一周的模拟练习，幼儿们顺利掌握了各项技巧，获得了骑车资格。

也有幼儿提出："那什么是驾驶证呢？它长得是怎样的？"

贝贝："就是一个小本子，我在我妈妈的车子里看见过。"

佳佳："我看见我爸爸的驾照是黑色的。"

团团："我看见我爸爸的驾

照上有照片、名字。"

对驾驶证有了初步了解后，还有幼儿提出："每辆车子上都有车牌的。"

依依："车牌上有好多的数字。"

有了这样的经验，幼儿们开始自主设计车牌。

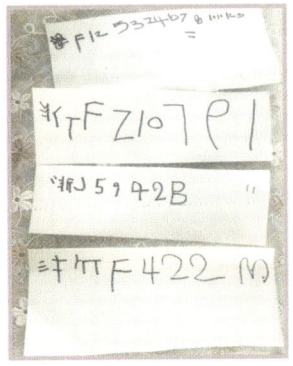

分析评价

骑行游戏是幼儿们喜爱的游戏，但随着幼儿年龄的增长，生活经验的丰富，简单的骑行游戏已经无法满足他们的游戏需求，因此，"探索"与"突破"成为幼儿游戏过程中的关键。在游戏中探索的主角是幼儿，他们遇到了很多曲折和问题：交通的问题、骑车的问题、角色的问题。在不断的追随问题、解决问题中，幼儿们能够经验迁移，探讨出驾考的重要性，然后通过一系列的实践，自主商讨拟定出考试项目，并通过练习获取骑车资格，不仅保证了骑车游戏的有序进行，还进一步掌握了交通规则。幼儿是主动的学习者，主动学习是迈向深度学习的前提，有助于幼儿深度学习的发展。

下一步支持

1.追随幼儿的脚步，关注幼儿的需求，使幼儿的游戏能够不断创新、发展。

2.与科探区联动，引导幼儿在科探区研究关于骑车的实验，探究小车行驶的原理。

浙江省海盐县秦山中心幼儿园 许敏

✻ "圈"住快乐 ✻

游戏背景

中班是幼儿园三年中承上启下的阶段,也是幼儿身心发展的重要时期。《3-6岁儿童学习与发展指南》明确提出:4-5岁的幼儿应具备一定的平衡能力,动作协调、灵敏。呼啦圈游戏,既可以让幼儿从中得到身体素质的多方面发展,又能够培养幼儿坚强刻苦的意志品质。于是我们在户外投放了呼啦圈,让幼儿在户外自主游戏中探索呼啦圈的不同玩法,锻炼运动能力的同时也感受户外自主游戏的快乐。

游戏地点

户外

观察班级

中班

> 观察实录

简单玩

户外运动时间到了，本次游戏活动器材是呼啦圈。

拿到呼啦圈的幼儿们迫不及待地摆弄了起来。

最开始，闹闹拿着一个呼啦圈简单地转动。

琳琳看见了说："我可以两个呼啦圈一起转。"边说边展示。

甜甜看见了，便有些不服气，说："我不仅可以两个呼啦圈一起转，还可以让呼啦圈跳起舞来。"

甜甜拿起两个呼啦圈，把它们呈十字交叉的方式摆放在一起，然后小

手用力一转，两个呼啦圈便转动了起来。

甜甜还喊来依依，得意地说："我还可以和依依一起转很多个呼啦圈呢。"说完她们站在很多个呼啦圈里面。

"一、二、三，转！"随着甜甜的口令，两人一起放手，呼啦圈转了起来。

幼儿们在自主探索呼啦圈的各种玩法。

有的一个人玩，有的两个人玩。

大家都很开心。

融合玩

"呼啦圈还可以怎么玩呢？"

"它可以和什么材料结合在一起玩？"

幼儿们开始探讨起来。

馨馨："可以放在地上跳着玩，可以单脚跳、双脚跳。"

杺杺："可以像轮胎一样滚着玩。"

岩岩："竖起来放在一起，就像一个个山洞，我们可以钻来钻去地玩。"

一个小小的呼啦圈被幼儿们想出这么多玩法。

紧接着，墨墨说："呼啦圈可以跟篮球一起玩。"

"对，可以玩投篮。"甜甜说。

"可以用呼啦圈框住篮球，拉着篮球跑着玩。"暖暖说。

在幼儿们的热烈讨论下，他们开始了新的尝试。

谦谦拿到篮球和呼啦圈后，他用呼啦圈框住篮球，呼啦圈低的一边紧紧地贴着篮球和地面，这样圆鼓鼓的篮球就乖乖地跟着他一起跑了。

涵涵拿到呼啦圈和篮球之后，想玩投篮的游戏。

但是篮筐怎么固定呢？

他看了一眼四周，很快就想到了一个好办法。

他把呼啦圈挂在树枝上，这样一个简单的"篮球筐"就出现了。

妍妍和多多看到涵涵在玩投篮游戏，于是二人合作，一人举着呼啦圈，一人投篮，玩得很开心。

花样玩

随着游戏的推进，昊昊说："大家不要一个人、两个人玩，大家一起玩吧，这样子应该会更好玩。"

于是他们围在一起，好像在商量着什么。

不一会儿，只见他们站成两排，每个人手里都拿着一个呼啦圈，一个接一个地排放在一起，然后昊昊在另一头拿着篮球，正准备把篮球投过去。

只见他将篮球轻轻一扔，篮球便穿过"重重阻碍"来到了"胖利点"。

昊昊投完，便走到第一个于拿呼啦圈的幼儿旁边，将篮球递给他，依次游戏。

他们的思考、探索，让呼啦圈游戏更加精彩纷呈。

后来，他们还邀请老师一起加入游戏，一起享受游戏的快乐。

分析评价

活动材料的选择与投放是自主游戏开展的保证，它直接影响到幼儿参与游戏的积极性和游戏的质量。呼啦圈既是生活中常见的小型运动器材之一，也是幼儿平日里常见、常玩的游戏材料，可以发展幼儿走、转、钻、跳等运动能力，激发幼儿学习和锻炼的兴趣。呼啦圈的玩法多种多样，不仅培养了幼儿的创造力和探索精神，还发展了幼儿的基本动作，体验游戏带来的快乐时光。游戏中，幼儿是游戏的主人，随着游戏逐步深入，通过简单玩——融合玩——花样玩，不断丰富着游戏的内容与形式，幼儿的游戏能力也逐渐得到发展；通过单独玩——两人玩——大家玩，幼儿的人际交往能力得到了不断提升。

作为教师，虽然在游戏中尊重幼儿的想法与创造，但材料提供依旧具有局限性，提供的材料不够丰富，教师需要关注幼儿的游戏情境及游戏发展，动态地为幼儿提供游戏材料，增强游戏的可玩性、有趣性，使幼儿们的游戏可以持续向高水平发展。

下一步支持

1.投放丰富的材料，激发幼儿的创造力，让幼儿可以想出更多玩法。

2.针对一些运动能力比较弱的幼儿，引导能力强的幼儿起到帮带作用，提升他们的运动能力、游戏能力。

3.引导幼儿将生活经验应用到游戏中去，使游戏更加精彩。

4.充分利用分享环节，引导幼儿互相学习，推动幼儿的游戏更好地发展。

浙江省海盐县秦山中心幼儿园 沈佳怡

❋ 趣味投篮 ❋

游戏背景

户外自主游戏开始前，幼儿们三五成群地分组讨论：要在攀爬区玩什么游戏？怎么玩？琪琪跟几个幼儿讨论得热火朝天，他们计划要在攀爬架上玩篮球。

游戏地点

户外操场

观察班级

中班

观察实录

创新玩法

游戏一开始，琪琪就组织其他小朋友搬攀爬架、拖长板。
在琪琪的带领下，小朋友们很快搭好了一个简易的滑坡道。
琪琪自己拿来篮球，爬到攀爬架最上方，开心地把篮球推了下去。

他们开心地玩着，但很快就发现了问题。

每次篮球滚下去，都会溜的很远，桐桐和瑶瑶要花很长时间才能把篮球追回来。

桐桐："篮球溜的太远了，怎么办？"

瑶瑶："地面太滑了，所以篮球才会滚的特别远。"

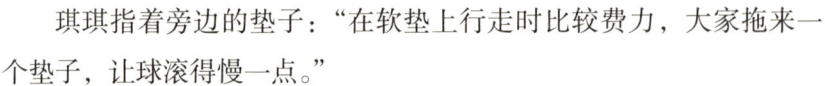

森森："得给篮球增加点阻力。"

琪琪指着旁边的垫子："在软垫上行走时比较费力，大家拖来一个垫子，让球滚得慢一点。"

他们在木板下面放了垫子后再次尝试。

可是当篮球从坡道上滚下来时，还是从垫子上面滚远了。

桐桐："看大人们打篮球赛时，篮球都是要投进篮筐里的。"

于是，他们把垫子换成了轮胎，把轮胎当作"篮筐"，再次进行了尝试。

但是，由于"篮筐"有厚度，篮球并没有像想象的一样直接进"篮筐"，而是被"篮筐"挡了出去。

琪琪搬来一个短板，决定把短板抵在"篮筐"上，让篮球顺利溜进筐内。

这次篮球顺利进入"筐"中。

升级玩法

玩了几次后，瑶瑶发现，篮球从坡顶滑落下来后，可以向任意方向滚动，不是每次都能准确地滚向篮筐。

瑶瑶："要怎么样才能更顺利进入筐中呢？"

琪琪想了想，喊上大家去搬来一些轮胎，把轮胎放置在木板的两旁。

琪琪："这样把两边挡住不就可以了嘛。"

刚解决完一个问题，另一个问题又来了。

由于轮胎的中间是空心的，导致篮球有时候还没有从木板上下来，却从轮胎的空心里跑了出去。

瑶瑶："我们把轮胎的空心堵住吧。"

昊昊："还有轮胎那里的路程太长了，增加了篮球入筐的难度。"

依依："篮球在滚动过程中碰到护栏改变了运动方向。"

琪琪于是去掉两个轮胎，再次尝试。

这样比刚才顺利一些。

大家玩了一会儿，难度升级。

他们在后面又增加了一个"篮筐"。

这样力气大的幼儿可以投远一些的篮筐，力气小的幼儿可以投近一些的篮筐。

大家尽情地玩着，琪琪给大家记数，看谁投中的多。

依依还邀请老师一起见证他们的快乐。

分析评价

在游戏过程中，幼儿们遇到了很多问题，但是他们从没有放弃的想法，而是根据自己有限的经验，一步一步寻找材料，推进游戏。琪琪在最初表现了"领袖气质"，号召力很强，发挥着安排、分工、协调的"指挥"作用。总是捡球，太麻烦了，要想办法留住小球，不让它滚走。琪琪巧妙地迁移了生活中的经验，提出铺设垫子的想法。在这个过程中，幼儿的游戏行为体现了明确的目的性。他们根据自己的观察，结合已有经验进行合理推断：要增加阻力来让球滑得慢一些，说明幼儿具备了一定的思考和实践能力。与此同时，幼儿也试图寻找解决问题的方法。在接下来的游戏中，他们不断尝试、不断遇到问题、不断思考、不断调整，创造性地展现了加"篮筐"、加护栏、升级游戏玩法的积极行为，使游戏不断深入。他们的积极探索、专注思考，使问题逐一得到改善与解决，是主动的学习者，真正实现了"小游戏里有大学问"，相信这些经验能够对幼儿未来的学习有一定帮助。

下一步支持

1.提供纸、笔、记录表等材料，引导幼儿将自己的游戏计划和猜想、验证等探究过程进行记录，鼓励幼儿与同伴交流，让幼儿习得更多科学探究方法的同时，支持他们进一步探索、验证、再发现。

2.设置问题情境，支持幼儿将游戏经验迁移运用于日常生活，解决生活中的实际问题。

山东省东营市广饶县丁庄街道中心幼儿园　王洪霞　牛红梅

攀爬小勇士

游戏背景

攀爬是幼儿园户外活动的常见形式，主要是锻炼幼儿的双手或者双脚的斜上或向上的运动能力。在攀爬游戏中，幼儿们可以自选攀爬物，自主练习攀爬、支撑、拉伸等动作，训练大肌肉群和肌肉组，培养勇敢、乐于挑战的精神，深受幼儿们喜爱。

游戏地点

户外攀爬区

观察班级

中班

观察实录

简单爬

户外游戏开始后，有的幼儿选择攀爬墙活动，有的幼儿选择攀岩墙，有的幼儿选择软梯，还有的幼儿选择翻越墙……

刚开始在玩攀爬墙时，大部分幼儿背贴墙、手握绳子向上攀爬，背部时不时会靠着墙，找个依靠，有安全感。

然后他们开始尝试面朝墙、手握绳子向上攀爬。

他们双手使劲拽着绳子，脚用力蹬着攀爬墙上的格子，一下一下挪动。

没过一会儿，有幼儿喊："老师，我手疼！"

但这并不影响他们继续玩。

幼儿们掌握攀爬技巧后，默默地说："我们可以像蜘蛛侠一样在空中爬上爬下，真好玩。"

他们还拿了沙包、毛球、小红旗等小物品，向上攀爬时将这些材料放到攀爬墙的顶上，反反复复上下多次，乐此不疲。

花样爬

随着幼儿们对攀爬游戏探索的深入,他们发起了各种挑战。

他们不再局限于带格子的攀爬游戏,而是开启了更为困难的攀爬墙比赛。

一开始很困难,多尝试几次后就好了。

随后他们又解锁了翻墙爬。

接着又挑战翻网爬。

幼儿园充满了他们的笑声。

升级爬

又到了户外游戏时间,这一次他们要再次升级难度。

森森走到爬梯上,手扶着上面的绳子一点点向前,小伙伴们排在后面依次跟进。

轮到璐璐时,她双手使劲,反挂在绳子上,大声喊着:"看我,我可以这样!"

大家拍手叫好,纷纷向璐璐发起挑战。

分析评价

《指南》提到:尝试性行为是幼儿在游戏中的一种常见表现,幼儿在游戏中往往不满足已经达到的行为水平，他们总是以略高于日常的水平来尝试新的游戏行为。每当幼儿尝试一种新的玩法，他们总能准确地估计自己的能力，并调整自己的行为，不断促进自身能力的发展。攀爬区游戏能够促进幼儿肢体的协调，需要幼儿调动全身的各个部分协调运作，需要手、脚、眼及身体的综合配合。幼儿们从简单爬——花样爬——升级爬中，一次次发起挑战，在尝试中逐步克服困难，积累经验，增进技能，培养了不畏困难、顽强坚毅的精神。

幼儿掌握攀爬运动的技巧，不仅能使他们身手更灵活，也会使反应更敏捷。每当幼儿攀爬到一个新地方，距离、高度的变化，会给幼儿的视觉带来新的感觉和体验，同时有助于培养他们的空间概念。在游戏中，幼儿与同伴互相合作、帮助，不仅感受到合作完成任务的快乐，还进一步激发幼儿合作的内在动机，促进了社会交往能力的发展。

幼儿在游戏中主要是通过与材料的互动来实现游戏与自我发展的。对于教师而言，提供适宜的材料是引发幼儿游戏动机，确保幼儿经历自主学习、自由探索、发现并解决问题的基本条件和物质基础。材料的多样玩法，一物多玩、变形重组、可持续探索是引发幼儿游戏的动力，能使幼儿在与材料的互动中不断感受到新的变化，接受新的挑战。在攀爬游戏中，不仅有攀爬墙，还有攀爬绳、攀爬梯，正是材料设备的多样性支持了幼儿们不同的探索需求，使幼儿们的游戏不断变换花样，始终保持着较高的游戏兴趣与热情。

下一步支持

1.关注幼儿个体差异，适时调整材料，让探索更有价值。

2.与幼儿对话，了解他们的需求，及时投放适宜的材料，使幼儿们的探索行为持续不断发展。

山西省晋城市凤鸣幼儿园　李海霞

大班

❋ 滚筒挑战 ❋

游戏背景

　　足球场地势平坦开阔、地面柔软,周边投放了滚筒、轮胎等多种低结构材料。初见滚筒,幼儿们只是在滚筒里钻进钻出,来来回回滚动,尽情感受这个圆滚滚的东西带来的独特体验。随着时间的推移,幼儿们不再满足于简单的玩法,他们开始在游戏中创新,享受自主游戏的快乐。

游戏地点

户外足球场

观察班级

大班

观察实录

踩上滚筒

　　户外游戏开始了,昊昊想踩在滚筒上,像踩风火轮那样。

最初他试图用力将腿抬上滚筒，但紧接着就会从滚筒上掉落。

他在爬上与掉落的循环往复中坚持了很多次，但均未成功！

博博和俊俊的加入，让他开始调整上滚筒的策略。

为了控制滚筒滚动，保证其稳定性，他们搬来了轮胎，分别放在滚筒的前后，这样滚筒就能稳住了，同时下面的轮胎也为小朋友上滚筒提供了"台阶"。

由于滚筒数量有限，教师把轮胎连在一起制作出"轮胎滚筒"，弥补了材料的不足。其他幼儿看到昊昊他们踩在滚筒上，纷纷被吸引了过来。

莱莱推来一个"轮胎滚筒"，慢慢地尝试站上滚筒。

她搬来一个轮胎放在滚筒前，然后站在轮胎上爬上滚筒。她试图向前行进，但总是不稳。

博博、昊昊、俊俊在旁边指导着。

博博："眼睛看着前面，不能看脚。"

昊昊："爬上滚筒不着急走，要等身体站好以后才可以走。"

俊俊："走滚筒的时候速度要慢，不要着急，越着急越容易掉下来。"

莱莱小心翼翼，每次挪步前，手也会跟着向前换位置，但几步之后，她就会停止。试了几次之后，她走的距离变长了一点。

渐渐地，越来越多的幼儿站上了滚筒，但如果缺少外物或外力支撑会迅速掉落，无法独立行走。

独立上滚筒

熟悉了滚筒的特性后，幼儿们开始挑战独立上滚筒。

诚诚双臂撑在滚筒上用力向上一跃，接着左腿抬上滚筒，但因滚筒晃动，他立刻掉落，失败。

再次尝试，差一点点就成功了。

第三次、第四次依旧失败。

再来……

终于他不用借助外力顺利爬上滚筒了。

诚诚向小朋友们传授技巧，大家逐渐掌握了这个技巧。

他们一个个驾驭着滚筒，慢慢地向前行走。

开始走一小段，后来能够自如地走完整个足球场。

玩滚筒的幼儿越来越多，他们很容易就会相遇。

每次遇上，幼儿们都会选择跳下，再重新开始。

一次相撞时，博博："我们交换滚筒试试吧！"

这样一来，大家再遇见时就不用跳下了，交换彼此的滚筒即可。

二人走滚筒

当他们熟练并掌握走滚筒的技巧后，新的游戏就开始了。

洋洋和森森两个人尝试玩同一个滚筒，二人约定"想要跳下时，提前喊跳！"

二人爬上滚筒后手牵手前行，当洋洋喊"跳"时，二人一起跳下。

琳琳看到后："我们可以转过身来玩，要不同方向！"

她和恩恩先后爬上滚筒，两个人方向相反。

恩恩："这要怎么走啊？"

"你往前走，我往后倒着走。"

他们慢慢开始，感觉还可以，没有那么难。

滚筒上玩游戏

当幼儿们能够完全自如地走滚筒后，他们开始在滚筒上玩游戏。

他们玩投掷呼啦圈，两人将手里同等的呼啦圈投进竖放着的滚筒内，投入多者为胜。

他们玩抛接球游戏，两人站在滚筒上面面相对，由一方抱球向地

上击球,借助地面力量球弹向另一方,站在滚筒上的另一方接球,这个游戏需要两人调整好距离,共同努力完成。

他们玩竹梯交换游戏,两人站在滚筒上沿着竹梯相向而行,在汇合处互换滚筒继续前行,最先到达终点者为胜。

分析评价

《指南》指出:运动材料越具有可移动和可变化性,其丰富的运动体验,对幼儿综合运动能力以及运动思维的意义就越大。不同材质的滚筒引发了幼儿们一系列的探究活动,站上去——走起来——花样走——自创游戏。看似是一个运动游戏,却涉及了幼儿综合能力的发展,包括平衡运动能力、逻辑思考、人际交往、想象创造、团结合作等方面,同时专注、抗挫、坚持的学习品质也在每个幼儿身上熠熠发光。

幼儿的发展是一个持续渐进的过程，同时也表现出一定的差异性。游戏中，每个幼儿都在实现着自我超越，在一次次的尝试、探究、调整中达成游戏意愿。滚筒游戏在幼儿们不断地创新和演变中，从单一到多元，不但赋予了不同的游戏情境，还自由创设了不同的游戏，他们使游戏难度不断升级，在互动中实现自我挑战。

游戏是幼儿最好的学习方式，他们在玩的过程中可以学习技能、掌握知识，不断的探索行为可以引发深度学习。而自主游戏让他们能够自由地选择、想象，他们在自主的意愿下会保持浓厚且持久的游戏兴趣，在玩一玩、想一想、做一做中，发挥无限的想象力，能够自主解决问题，不断促使游戏向更高水平发展。

作为教师，要充分明白幼儿才是游戏的主人。《指南》指出，教师应以"观察"为依据，提供有效支持。幼儿最初的自主性萌芽能否得到保持和发展，取决于教育者对他们的引导和教育。幼儿是一个主动的学习者、发展者，教师要关注幼儿在活动中的表现和反应，敏感地察觉他们的需要，及时以适当的方式应答，形成合作探究式的师生互动，学会倾听幼儿、欣赏幼儿，与幼儿一起享受快乐与创造。

下一步支持

1.重视幼儿计划性的习得，鼓励幼儿以图画表征、语言描述等不同形式设计自己的游戏，并计划性地收集游戏材料。

2.增加辅助材料，为幼儿的深入探究与学习提供更多可能。

山东省滨州市滨城区第八实验幼儿园　刘丽娜

✲ 跑酷场诞生记 ✲

游戏背景

户外游戏时间一直是幼儿们的欢乐时光，《纲要》指出：要开展丰富多彩的户外游戏和体育活动，培养幼儿参加体育活动的兴趣和习惯，增强体质、提高对环境的适应能力，强调让幼儿在快乐的童年生活中获得有益于身心健康发展的经验。在户外游戏中，幼儿是游戏的"主宰者"，他们会根据自己的生活经验探索器械玩法、构想游戏情节，这种既有原始生态性又富有挑战性的游戏，让幼儿在身体得到锻炼的同时也感受到了运动带来的快乐。

游戏地点

幼儿园操场

观察班级

大班

> 观察实录

源于轮胎"小房子"

户外自主游戏开始了,幼儿们照常选择自己喜欢的器械开心地玩着。

突然,一个响亮的声音吸引了众多幼儿的目光。

妙妙一边蹦跳着一边朝着她的小伙伴们喊:"看,我搭了一个小房子,我已经住进来了。"

只见,几个小伙伴闻声赶来,对妙妙的房子羡慕不已。

不一会儿,大家不约而同地忙着搭建自己的"小房子"。

溪溪和然然用轮胎把朵朵套在中间,一层一层地往上摞,帮朵朵盖房子。

躲在房子里的朵朵犯愁了:"房子这么高,我出不来了啊!"

旁边的朔朔想爬进自己的五层房子,可房子摇摇晃晃却怎么也进不去。

大家都发现了这个问题。

于是,小伙伴们就地展开了讨论和尝试。

朵朵在萱萱和然然的帮助下,艰难地从房子里出来了。

出来后的朵朵想出了给小房子搭建楼梯的方法,并和旁边的然然、萱萱为房子搭建了一个方便上下的楼梯。

一旁的明明和琪琪已经开始将自己的五层"小房子"降至四层,发现进出还是很困难,于是直接改造成了三层"小房子"。

溪溪和妙妙也想给自己的房子搭个楼梯，可是场地上的轮胎都用完了。

妙妙看向场地四周，看到了远处的木箱子，于是联合几个小朋友为房子搭建了一个箱子楼梯。

就这样，在大家的互相帮忙下，每座"小房子"都可以随意进出了。

"小房子"变成赛道

大家都住在自己的房子里，她们互相打着招呼。

妙妙对溪溪说："你来我家玩呀！"

溪溪坐在自己的小房子上看了看说："这里有条河，我过不去！"

妙妙转头在操场上看了一圈后说："我们用乌龟壳搭一个长长的小路，从你家一直连到我家来吧。"

于是妙妙和溪溪从各自的家爬出来，搬来了好多乌龟壳搭成了一个长长的小桥，把两人的家连了起来。

小朋友们都过来了，兴奋地在乌龟壳的小路上走来走去。

大家都模仿妙妙和溪溪开始用乌龟壳铺路的方法将各自的家与朋友们的家连接起来。

帅帅和琪琪的家马上就要连起来了，但是乌龟壳没有了。他们抬来了一块长长的木板，

室外自主游戏 大班

连接在路的缺口上。然而，木板不够长。

琪琪指着旁边的轮胎说："我们把轮胎搬过来放到这里！"两人搬来两个轮胎后，两个小房子就成功连接在一起了。

其他幼儿也从器械柜里搬出各种材料来连接他们的家。

所有的小房子被连接到了一起，妙妙突然大喊："哇，我们这不就是电视上的闯关赛道吗？"

于是大家开启了闯关模式，对每个赛道都发起了挑战。

赛道变身跑酷场

小房子变身成赛道之后，幼儿们又一次打开了话匣子。

溪溪："我见过有大哥哥表演跑酷的，还能翻墙呢。"

庄庆："我们这个赛道也能建造成跑酷场。"

妙妙："赛道到我们这里就断了，我们可以把大滑梯连进去，这样就像一个超级跑酷场了。"

他们将已经连接起来的家和滑梯串联，形成了一个超级跑酷场。

大家迫不及待地在刚刚搭建成形的跑酷场上跑起来。

跑在第一个的朔朔忽然在一个从五层轮胎上倾斜的木板前停下来，后面的小朋友不停地催促着。

197

朔朔大喊："这是谁搭的，太高了，根本就下不去。"

帅帅跑过来："这是我搭的滑梯，你直接滑下去就行了。"

朔朔："这太危险了。"

帅帅："我把板子拿掉，然后去掉一个轮胎就可以了！"

帅帅和琪琪把木板抬到一边，把最高的一个轮胎去掉，然后再把木板架上当小桥，可是木板很长，如果直接踩就像跷跷板一样。

朔朔："要不把下边的轮胎都去掉，把木板直接摆在地上吧！"

帅帅灵机一动，把两个轮胎并排放，再把木板压在两个并排放的轮胎上，这样就不会翘了。

看着朔朔顺利通过，大家重新回到了赛道上，这次跑酷场顺畅多了。

新建跑酷场

幼儿们搭建的跑酷场占用了整个操场的空间，虽然大家很想留下来，但是操场的空间毕竟是大家的空间，不能影响其他班级的活动，跑酷场不得不被拆除。

琪琪："人家小班的小朋友要出来做早操，我们的跑酷场占了操场，人家都没法做操了。"

妙妙："可我还是想玩跑酷的游戏。"

旭旭："我想到了，我们可以搭在楼周围的路上，这样就不会影响别人了。"

他们把想法告诉老师，得到了老师的鼓励，于是开始筹备新的跑酷场。

他们先画出跑酷场的设计图，经过大家的投票，妮妮的设计图得到了大家的一致认同。

他们很快按照设计图搭建出了新的跑酷场。

他们在新的跑酷场上或跑、或爬、或跳、或跨，尽情地展示自我，留下了一连串笑声。

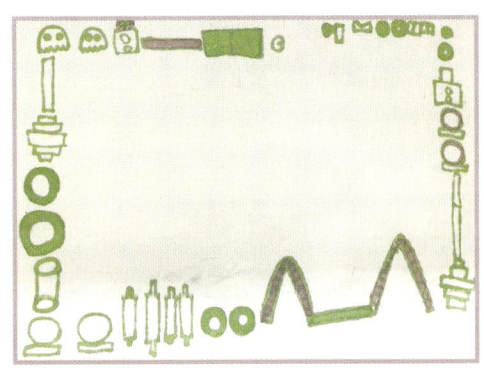

分析评价

自主游戏中，幼儿根据自己的想法和需求选择材料，材料是不会讲话的游戏推动者，材料的预设、生成、选择、运用，反映了幼儿的原有经验和探究水平。在"小房子"变成"赛道"，"赛道"变成"超级跑酷场"的探究中，幼儿用自己找到的材料不断发现和调整，一次次的尝试更新着游戏内容。一次次探究行为的背后，实际上就是材料与幼儿之间的互动，不同材料带给幼儿不同的动力，也带来更自然、更深度的发现、探索、交流与合作。

在自由的、放松的氛围里，幼儿根据自己的想法并用喜欢的方式去游戏，真正成为游戏的主人。幼儿在反复摆弄、操作、实践中获得对器械玩法更多的经验，发展了身体平衡、攀爬、钻等方面的能力。在幼儿不断调整器械摆放的过程中，幼儿的抗挫折能力和勇于挑战的勇气也逐步增强。在跑酷场搭建成功后，幼儿自发的在场地里进行游戏，获得了更多的愉悦感、满足感和自豪感。

　　作为教师，要懂得"放手"，这是对幼儿的一种支持和信任，幼儿会自主通过各种形式的沟通方式、形式各异的"双手"、不设限的思考去创新游戏、提高游戏难度。教师要鼓励幼儿发现问题，帮助幼儿建立问题意识，包括建立对问题的敏感度和对问题的持续兴趣和探究欲望，对增强幼儿的综合能力是非常重要的。当幼儿具有一定的问题意识后，需要为他们提供尝试的机会，只有在尝试中，幼儿才会做出判断和思考；在和同伴互学、合作中才会有新经验的生成；在解决问题的过程中得到自我认知、自我效能感的建构，他们会感受到自己是有能力的游戏玩家、学习者，这些都是积极的体验。幼儿只有内心感受到自己是游戏的主人，才可以改变环境，尝试更多挑战。此时，内在的力量便开始生长，这将积淀成他们成长过程中的养分。

下一步支持

1.抓住游戏中的问题或矛盾点，进一步引发幼儿的探索、验证，并以问题为契机，推动游戏向更高水平发展。

2.开展室内建构区搭建活动，让幼儿搭建不一样的跑酷作品。

山东省济南市槐荫区实验幼儿园清新分园　李倩影

✱ 百变大炮 ✱

游戏背景

野战区对战游戏是幼儿热爱的一种游戏活动，尤其对男孩子的吸引力更大。它的对抗性、自由性、趣味性给予了幼儿无限的想象和发挥、尝试、探索的空间，幼儿通过操作手枪、大炮等武器释放天性，在游戏中不断创造。为了进一步激发幼儿探索游戏的自主性、积极性，我们投放了PVC管和其他辅助材料，期待幼儿玩出更多可能。

游戏地点

户外野战区

观察班级

大班

观察实录

组装大炮

几名幼儿来到野战区。

他们在轮胎中寻找着各种材料，以作大炮的底座、炮身、炮筒。

希希扶住"炮筒"的后端，哲哲抬着"炮筒"的前端。

希希先是把炮筒放进炮身的小洞里，然后又小心翼翼地挪到了炮筒后端，而哲哲则挪到了炮筒与炮身的连接处。

看到"炮身"一直在左右摇晃，哲哲大声地喊："谁来帮帮我们？"

旁边的宇宇听到声音赶紧围了过来，用胸脯按住"炮身"的中间。

豪豪也加入他们，到大炮前双手扶住轮胎的底端，哲哲站在炮筒与炮身的接口处前腿弓、后腿撤，把炮筒紧紧地抱在腋窝下，身体倾斜，希希站在"炮筒"的顶端双手握住炮口，大家一起用力。

终于成功了，大家很开心。

觉得缺少些什么，豪豪跑到旁边找来了旗杆，插到了轮胎中间的小洞里，又找来玩具推车放到了炮头下面，让炮头抬起了"头"，然后又找来了轮子，左右看了看，插到了玩具小车的中间。

哲哲好奇地问："这是啥呀？"

豪豪说："这是起落架。"

大炮组装好了，他们利用PVC管、弹簧玩发射炮弹的游戏。

大炮变身

再次游戏时,哲哲说:"我见过的大炮都有轮子。"说着冲到搭建区寻找着材料,然后两个带轮子的万能工匠被他拿了回来。

他把两个万能工匠依次排开,放到轮胎的底部,再把炮头架好。

有了轮子,哲哲又说:"如果有个驾驶舱就好了。"

宇宇:"梯子可以当驾驶舱。"一边说着一边去搬梯子。

梯子架在轮胎上,宇宇爬上梯子,两腿分开,双手分别放在炮头的两端,控制着炮头,随意地摆动着。

珺珺看到后大声地说道:"大炮的驾驶舱应该在大炮的里面。"

希希回应道:"对呀,我看到的驾驶舱都是在大炮里面。"

珺珺找来一个轮胎放到大炮的一侧,然后双手扶住轮胎往里钻。

这时炮头往一侧倾斜,珺珺看情况不妙赶忙把脚收了回来。

"也许再加几个轮胎就可以进去了。"珺珺自言自语道,又找来几个轮胎分别放到大炮的两边,驾驶舱做好了。

看着驾驶舱,宇宇眉开眼笑地跑到大炮的一端,身体微微一侧,把一只脚伸到了大炮里面,另一只尝试了多次但仍然伸不进去。

于是哲哲把作为炮头的轮胎放倒，这下可以钻进驾驶舱里面了。站在里面不舒服，哲哲跟希希找到了两块砖头和长方体积木。

宇宇把砖头放进了炮筒里，砖头上下叠放到一起，大家看了都说不行。

希希："试试我的吧。"

宇宇把长积木竖起来放进去，但是没法坐人。

哲哲："试试这个万能工匠。"说着把万能工匠放进了轮胎里。万能工匠的高低还可以，哲哲又找来了小椅子。

小椅子放好后，他迫不及待地踩着梯子坐上去，样子很神气。

幼儿们开始轮流开大炮、玩游戏。

分析评价

《纲要》指出：教师应该成为幼儿学习的支持者、合作者、引导者，并且要善于发现幼儿感兴趣的事物、游戏和偶发事件中隐含的教育价值，把握教育的时机，提供适当的引导。教师要在幼儿的兴趣点上挖掘具有教育价值的内容，使幼儿获得有关经验的提升。

在百变大炮游戏中，幼儿们从简单的观赏性大炮，到支撑架、起落架的完美变身，再到具有驾驶舱的大炮，他们不断遇到新的问题，又在同伴的合作下解决问题，在协商中发展以物带物的水平，展现出丰富的想象力。他们在自主探究游戏的过程中，不仅发展了对插、扭、转等动作的认知，在调动他们原有建构经验的基础上，更是提高了他们的建构水平，培养了他们的分工合作意识。幼儿在游戏中遇到问题时，教师退居其后，让幼儿自己解决问题，只有自主探索获得经验，才能让孩子们在游戏中观察、思考和探索，体会游戏的乐趣！

下一步支持

1. 引导幼儿跨区域搜集材料，实现多区域联动发展。

2. 做好幼儿游戏的观察和记录，根据幼儿的需求及时调整游戏材料，更好地支持幼儿的发展。

山东省威海市火炬高技术产业开发区春风里幼儿园　李颖

❋ 好玩的投掷球 ❋

游戏背景

　　球类游戏是幼儿们喜欢且常玩的游戏，也是我们开展户外大区域循环游戏的项目之一。中班阶段主要以探索球区各种球的玩法为主，进行区域内球类游戏的小循环。经过一学期的游戏，幼儿对篮球、足球、羊角球、软布球、跳跳球等各种球的特性有了基本的了解，也能尝试利用不同的球展开各种游戏。升入大班后，幼儿们的语言表达能力更强了，当意见不统一或游戏中出现问题时，能想出更多的方法去解决。他们更加愿意与同伴共同展开游戏，更加愿意开展有挑战和竞赛性的游戏，也更加愿意利用辅助材料自己设置游戏玩法和竞赛规则。

游戏地点

户外游戏区

观察班级

大班

观察实录

投掷球的不同玩法

户外大区域循环游戏开始了,扬扬和伟伟选择了投掷球进行游戏。

扬扬:"伟伟,咱们俩比谁粘住的球多吧?"

伟伟点点头表示赞同,两个幼儿开始了游戏。

过了一会儿,伟伟不服气的对扬扬说:"你离球网太近了,有的时候直接就拿手把球粘在球靶上了。"

扬扬表示默认。

伟伟:"要不咱们画一条线,然后都站在线后面,不能超过线。"

扬扬:"好呀。"

他们环顾了一下四周,户外没有笔。

扬扬:"我去材料筐里找一找。"然后跑向了材料筐,伟伟也跟着跑了过去。

过了一会儿,两个幼儿回来了,手里拿了几根体能棒。

他们把体能棒平铺在地上,首尾相接,在距离粘球靶大约一米远的地方摆成了一条线。

两人站在线的后面开始了投掷比赛。

但刚投了没几个,伟伟:"太近了,没意思,咱们往远放一点。"

两个幼儿一起把体能棒向后

移了移，比赛重新开始了。

很快，球靶上就粘满了小球。

他们俩数了数，扬扬高兴地说："我赢了，我赢了。"

伟伟有点不服气："再比一次，这次咱们离得再远一点。"

这次，他们把体能棒向后移了大约三米的位置，需要更大的力气才能将小绒球粘到球靶上。

在投掷过程中，有一些球因为投得太用力，飞到了球网的另一边。

刚开始，两个幼儿都是选择绕过球网把球捡回来，可随着过网的球越来越多，扬扬直接站在球网的另一边把球全部从球网的上方扔过去，还对伟伟说："你不用过来，就在那边捡吧。"

伟伟把捡到的球重新向靶上扔去，没想到一不小心又扔过了网。

扬扬误以为伟伟是故意扔过来的，有点生气地说："我扔过去，你扔过来？"

伟伟："这样不是也挺好玩吗？"说着，他又把捡到的球扔过了高高的球网。

就这样，扬扬把他捡到的球从网的那边扔到伟伟这边，伟伟把他捡到的球从网的这边扔到扬扬那边，两个人玩得也很开心。

激烈的比拼

又到了户外大区域循环游戏时间，伟伟走到扬扬身边说："咱俩一会儿再去投掷球区，玩昨天的游戏吧。"

扬扬："好呀。"

这次来到投掷球区的，还有茂茂和琨琨。

他们四个人分别拿了两小筐绒球，伟伟、茂茂、琨琨三个人站在球网的一边，扬扬一个人站在球网的另一边。

游戏开始了，他们在反复的投球中，玩得不亦乐乎。

随着扬扬这边的球越来越多，伟伟："我们这边没有球了，别扔了，快去扬扬那边捡球。"

琨琨刚跑到扬扬这边准备捡球，扬扬："不可以，不可以，你们只能往这边扔，不能从这边捡。"

可琨琨玩得正带劲儿，完全不理会扬扬，扬扬生气地说："不能捡球，最后谁的球多谁就赢了。"

茂茂："不对，谁的球少谁才是赢了的。"

"球多的赢。"

"球少的赢。"

……

争执不下,伟伟想了个办法,把老师邀请过来当裁判。

他们重新开始游戏,还是一对三,最后伟伟这边一共有7个球,扬扬那边有32个球。

茂茂:"我们赢了。我们这边的球少,你那边的球多,说明我们扔过去的多,所以我们赢了。"

扬扬急了:"不公平,你们那边有三个人呢,我这边才一个人,你们都扔到我这儿来了。"

"那该怎么办呢?"

扬扬:"你们那边过来一个人。"

可是三个好朋友都不愿意分开,不愿意和扬扬一组。

看到这样的情形,扬扬有点委屈,但他忍住眼泪去邀请其他小朋友来加入他的队伍。

很快,熠熠和豆豆加入到了游戏当中,三对三,投球游戏又开始了。

游戏结束时,这次的结果是伟伟这边12个,扬扬那边27个。

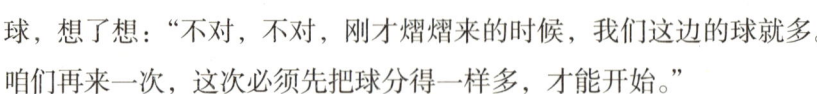

扬扬看了看场地上的球,想了想:"不对,不对,刚才熠熠来的时候,我们这边的球就多。咱们再来一次,这次必须先把球分得一样多,才能开始。"

于是每队20个球,游戏重新开始。

这次扬扬投得很快,捡球的速度也快。游戏结束时,他迫不及待地开始数球,这次他们以18:22的优势获胜了,扬扬很开心。

茂茂:"你们没有赢,你们只是这次赢了,但前两次都输了,所以我们赢了两次,你们才赢了一次,还是我们赢了。"

扬扬想了想:"那要不刚才的都不算,现在咱们重新开始,谁赢得多谁就获胜。"

幼儿们都说可以。

新游戏开始之前，扬扬跑到足球区把积分牌拉了过来，对大家说："这次咱们记上分，谁赢了，谁就加上一分。"

熠熠一看，连忙说："那我来当记分员。"

扬扬："不行，不行，你去了我们队就少了一个人，就又不公平了。"

扬扬左右看了看，说："只能让老师去当记分员。"

熠熠："可是我特别想当记分员，要不让老师和你们一队，这样不也是三个人吗？"

扬扬听了熠熠的建议，邀请老师一起游戏。

两轮游戏结束后，比赛结果都是扬扬这队赢，伟伟有点不开心地说："不公平。"

扬扬："你们队是三个人，我们队也是三个人，为什么不公平？"

伟伟："老师是大人，她个子高，一下就扔过来了。还是让老师去当记分员吧。"

这次熠熠主动和老师提出交换角色，他又重新加入到了游戏当中。

两队幼儿实力相当，比分追得很紧，几局下来，扬扬这队险胜。

不过，大家在投掷游戏的过程中都很尽兴。

分析评价

大班幼儿更喜欢有挑战性的游戏，也更喜欢和同伴合作开展一些有竞争性的游戏，且游戏规则意识越来越强。在投掷游戏中，开始时扬扬和伟伟因为游戏规则不明确，产生了分歧，于是二人想到画线的办法，但是户外没有笔，进一步想到了"寻找代替物"的方法，游戏中遇到的困难拓展了他们的思维，提高了他们解决问题的能力。通过几次尝试，不断调整与粘球靶的远近，不断挑战难度更高的游戏，也让他们的大肌肉运动技能和身体的协调性得到了发展。

如果第一次游戏是偶然，那么第二次游戏就是有备而来，他们在一次次的激烈比拼中追寻公平，感知了规则的重要性，知道了公平的意义。比赛有输就有赢，公平是基础，在公平的前提下，幼儿们的游戏更为专注、投入，他们体验了游戏的快乐，提高了运动技能，同时进一步增强了团队协作意识。

整个游戏过程中，幼儿遇到问题能积极思考，在一次次发现问题、解决问题的过程中，不仅提高了孩子们的沟通能力和规则意识，也促进了他们积极探索、勤于思考等良好学习品质的形成。幼儿在自己发现、自己改进的游戏中玩得不亦乐乎，愿意去尝试更刺激的游戏环节。这些良好的学习品质和思维方式是可贵的，将伴随幼儿的一生。

下一步支持

引导幼儿探索更多球类游戏的不同玩法，开展不同形式的比拼游戏，锻炼幼儿的意志力。

山西省晋城市凤鸣幼儿园　郑建雯

✺ 烤地瓜 ✺

游戏背景

在一次加餐中,乐乐问果果:"你吃过烤地瓜吗?周末妈妈用空气炸锅烤的地瓜可香了。"

果果:"我吃过,不过妈妈是用烤箱烤的,也非常好吃。"

豪豪:"我奶奶是在地里烤地瓜的,有很多火苗。"

昊昊:"我奶奶也是,会用到一个炉子。"

涵涵:"那要怎么弄呢?"

昊昊:"需要搭一个台子,在上面烤。"

昊昊的话勾起了幼儿们的好奇心……

游戏地点

户外空地

观察班级

大班

> 观察实录

灶台搭建

户外游戏时，昊昊邀请小伙伴跟他一起搭建灶台。

昊昊指挥，搬砖的搬砖，和泥的和泥，还挺井然有序。

幼儿们使用塔式、叠高、围封等搭建技能将灶台搭建成一个圆形、一个方形，用了不少砖块。

就在灶台快要搭好之际，辰辰提出自己的疑问："我觉得有点问题，下面应该挖个洞，这样地瓜在里面可以保温呀。"

昊昊想了想，看着辰辰："那我们挖个洞吧。"

他们一开始自己挖洞，觉得太慢了，便邀请老师挖洞。

在幼儿们的指挥下，洞很快

挖好了，他们重新垒灶台。

灶台搭好后，幼儿们高兴地与自己的劳动成果合影留念。

泥巴烤地瓜

灶台搭好后，幼儿们心心念念着烤地瓜。

户外游戏一开始，他们便冲到灶台旁。

一部分幼儿捡拾柴火，一部分幼儿烤地瓜。

但是烤地瓜的幼儿犯难了，不知道具体要怎么烤。

香香："我见妈妈在家烤的时候都会用些锡箔纸，这样更有利于地瓜的卫生和保温。"

幼儿们向食堂阿姨借来了锡箔纸，并用它一层一层的裹着地瓜。

昊昊："我们也需要泥巴。"

"用泥巴干什么？"

博博接话："爸爸说过，泥土可以保温，我们可以裹在锡箔纸的外面，更保温。"

说干就干，他们将水倒进泥土里，使用工具和泥巴，然后把地瓜放进泥巴里滚一圈。

万事俱备，只差点火。

为了安全起见，老师特意交代了注意事项。

幼儿们高兴地将自己捡来的柴火放进灶台里，可是怎么点都点不着。

超超："要不我们用嘴巴吹一吹吧。"

依依："柴火不易点燃，我们可以用纸来引火。"

幼儿们找来了废旧的纸壳，还是不易燃烧，一会儿就灭了。

琪琪看到旁边的玉米杆："要不，我们试试这个？"

幼儿们又去收集玉米杆及干玉米皮放进灶台里，再次点燃，火着了，他们高兴地相互击掌，欢呼起来。

为了安全起见，幼儿们还拿来灭火器，以备不时之需，安全意识很强。

大家耐心地等待着，期盼的时刻终于来了，他们闻到了烤地瓜的香气。

在老师的帮助下，他们相互分享烤地瓜，各个美滋滋的……

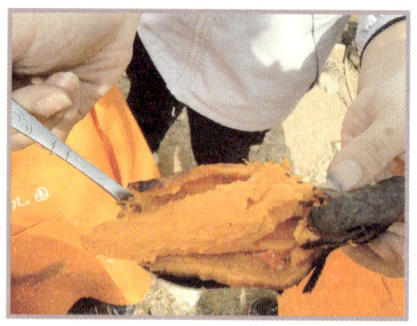

分析评价

在整个游戏过程中，幼儿们从搭建灶台到亲手烤地瓜再到分享美味，每一个环节中都渗透着幼儿的自主行为。他们不断发现问题、探究问题、解决问题，丰富自己的知识和技能，亲身体验劳动的快乐和童年的幸福。幼儿的思维、语言、社会交往能力得到了不同程度的提升，而教师作为游戏的支持者、合作者，为幼儿的自主探索提供了充分的空间，支持幼儿游戏向更高水平发展。

下一步支持

1.混龄支持，邀请幼儿去中班级部介绍经验，为中班级部的烤地瓜活动做好"技术"支持。

2.开展更多的不同技能的劳动教育，培养责任意识。

山东省青岛市西海岸新区山科大幼儿园　陆世萌

❋ 挖河建桥 ❋

游戏背景

新的学期开始了,幼儿们一见面就讨论起自己假期中遇见的有趣的事情。

阳阳:"你们知道吗,有一座桥被封住啦。"

小郭:"那个桥我知道,我们家就在桥边,每天都能听到机器轰鸣。"

其他幼儿也七嘴八舌地说了起来,于是大家决定在户外沙池区搭建一座桥。

游戏地点

户外沙池区

观察班级

大班

室外自主游戏 大班

> 观察实录

设计河道

建桥的第一步首先要挖河道，可河道要多长呢，幼儿们展开讨论。

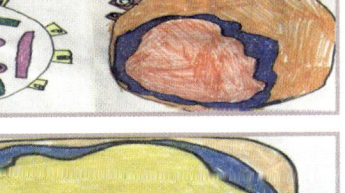

阳阳："我想把河道设计成围着沙池一圈！"

林林："你那样不行，我们几个挖不动那么多。"

园园："我们班上这么多小朋友，他们也可以参与进来。"

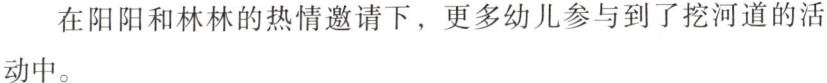

阳阳和林林觉得这个办法很好，就主动去邀请别的小朋友参与挖河道。

在阳阳和林林的热情邀请下，更多幼儿参与到了挖河道的活动中。

皓皓建议小朋友们分开挖，这样不会拥挤，速度也会快一点。

经过大家的商讨，幼儿们设计出图纸，并推选出较好的作品。

挖河道

图纸设计好后，幼儿们换好装备，大家有分工也有合作。

有的挖这一段，有的挖那一段，忙得不亦乐乎。

很快，幼儿们在沙池区

挖出了一条长长的河道。

就在这时，阳阳："老师，我们用盆灌水的话河道的沙很快就干了，成不了河。该怎么办？"

教师看向水龙头，阳阳立马会意："老师，我们可以用水管把水运过来！"

很快阳阳借来了水管，连接后"河道"开始通水了，水快速地在河道里蔓延。

但是水并没有把整个河道都灌满。

林林："这是为什么啊，水到这里就不走了？"

烁烁："水不走这边是因为这边高，水过不来。"

昊昊："因为有的挖得深有的浅，水到这里停了。"

他们又在一起讨论起来，笑笑建议把整个河道挖得一样深试试，林林则建议把河道加宽一点。

他们先加宽河道，然后把河道挖得一样深，水可以流过去了。

但由于河道不够牢固，不少

地方出现了坍塌。

大家急忙补救。

乐乐把挖出来的沙子放在河道两边，并用铲子把两边的沙子拍结实。

其他幼儿则随意把挖出的沙子扔到一边，乐乐看到急忙指导："把沙子拍实了，河道通水就不会坍塌。"

其他幼儿急忙用铲子加固自己的河道。

经过他们一点一点地努力，河道再次完成。

阳阳再次借来水管开始通水，整个河道开始一点点的灌上水。

经过大家齐心协力，共同合作，河道终于创建成功了。

林林："河道建好了，我们用什么材料来建桥呢？"

皓皓："桥有桥身、桥面和桥墩三部分，建构区有很多长木条，我们可以用长木条做桥面。"

阳阳："只有桥面也不好看啊！"

乔乔："可以装饰呀。"

霖霖："我们可以借一些体育器械来用。"

建桥

当幼儿们再次进行沙池游戏时，发现沙池里的沙子太干了，河道里面又出现了坍塌。

幼儿们再次分工，有的修复"河道"，有的忙着用材料在河道上摆弄建桥。

林林："阳阳，你们从那头建，我从这头开始建。"

建好桥面后，幼儿尝试在桥面上行走，发现木块与木块之间的距离有点大，很容易掉下去。于是他们调整思路，又增加了一些木块，有桥的模样了！

桥面很快建好了，他们开始准备两边的装饰。

媛媛："这个圈放在两边就会倒，怎么办呀？我们得想个办法。"

阳阳："两边那么多湿的沙，把那里埋一下不就好了。"

媛媛："我试试。"

就这样，经过幼儿们的不断尝试，"桥"终于搭好了！桥虽然建好了，但幼儿们觉得不美观，缺少些东西。

阳阳："我觉得还得在河道两边种些树，可是什么东西可以当成'树'种进去呀？"

林林："有了！那边有修剪下来的树枝，我们可以插在里面。"

睿睿："我现在就去捡树枝。"

阳阳："桥的旁边有很多小区，可以堆一些沙堡代表小区，我们一起堆吧。"

大家又是一番忙碌。

忙碌过后，看着大家的成果，他们成就感满满。

分析评价

在整个游戏中，幼儿们通过讨论有了沙池游戏建构的想法，然后去设计、实施，在实施的过程中孩子们发现问题、讨论问题、解决问题，真正成为了游戏的主人。教师作为幼儿游戏的引导者、合作者、支持者，始终用心观察幼儿们的探索与发现，支持幼儿们的创造表现，在惊喜于幼儿们表现出的良好学习能力、创造能力的同时，再次深刻认识到幼儿是有能力的学习者。游戏中，他们挖河道、修补河道、建桥、种树、堆沙堡，既有生活经验的迁移，又有游戏的不断创造，他们自主学习、积极探索，不断推动游戏发展，同时也使思维能力得到进一步提高。教师要站在儿童的立场，关注儿童、了解儿童、读懂儿童，探索、寻求更有力的师幼互动，支持幼儿的学习与发展。

下一步支持

把建桥游戏延伸至建构区，搭建出不同的作品。

河南省南阳市第一实验幼儿园 余雪菊 刘晶晶

❋ 我们的宝塔 ❋

游戏背景

每次进行户外自主游戏时，户外建构区是幼儿最喜爱的区域之一，宽敞的场地、各种类型与形状的积木，让幼儿对每次的建构游戏都兴趣盎然，这里记录了数不清的欢声笑语和精彩画面……

游戏地点

户外建构区

观察班级

大班

观察实录

尝试搭建宝塔

户外自主游戏时间到了，哲哲："我们去搭一座宝塔吧。"他的好朋友积极响应。

斌斌、正正用小车运积木，哲哲、博博把长方体积木一层一层地由下往上垒高，最后用一块三角形积木当塔尖，他们合作搭建了一座简易的宝塔。

教师走过去："你们这是搭的什么呀？"

斌斌："宝塔。"

博博："老师，我们的宝塔是不是太矮了？我看过的宝塔都很高。"

哲哲提议："那我们再重新搭建一座宝塔吧。"

他们把原来搭建宝塔的长方体积木，调整了摆放方式。一层横着摆，一层竖着摆。最后用一个三角形积木当塔尖儿，封顶之后，他们在宝塔周围布置起了公园。

搭建有底座的宝塔

有了之前的搭建经验，哲哲和好朋友想搭建一座有底座的宝塔。

他们取出长方体积木和长短不一的木板搭建底座。

在搭建的过程中发现底座有点矮小，他们又开始探寻着，思考着……

哲哲："我们换圆柱体的积木搭建底座吧。"

他们运来了圆柱体的积木和最长的木板搭建底座，孩子们在搭建时非常专注。

他们把一个一个的圆柱体积木排成两竖排，然后把一样长度的长木板放在上面，并及时调整两排圆柱体积木的距离。

塔身用长方体积木搭建，封顶后顺利完工。

搭建好看的宝塔

有了前面两次经验，哲哲又提出了高要求，想搭建一座好看的宝塔。

博博："怎么搭呢？"

哲哲："中间粗、上下细的圆形，跟老师让我们看的图片一样。"

他们运来了大小一样的长方体积木。从下面开始，一层比一层向外扩展，由细到粗往上搭建。

226

搭到中间，准备往里收的时候，突然倒塌了。

哲哲开始探索、查找原因。

原来是积木之间的间距没有调整好。

他们找到了原因，更加细心地目测积木间的距离、弧形的角度，上一层比下一层往外移动的距离等要素，孩子们开始重新搭建。

上面往里收的时候，他们选择了用正方体积木。

游戏结束时间到了，幼儿们不太满意，感觉不像宝塔，决定保留作品，第二天继续搭建。

搭建出双层宝塔

又到了游戏时间，幼儿们兴致勃勃的来到建构区，继续搭建昨天未完工的宝塔。但是在一层又一层往里收的过程中，宝塔再次倒塌。

大家你一言我一语地讨论着新的搭建方法。

哲哲："中间有个地方上面的积木搭到下面积木的缝上了，不结实，所以倒了。"

在原来的基础上修好后，他们用长木板隔开第一层和第二层，第二层搭建成方方的形状。

该封顶了，可是幼儿们的身高够不到。

斌斌找老师帮忙封顶。

教师鼓励他:"看看能不能用其他的材料帮忙?"

他们果然想到了一个好办法,用积木搭一个台阶,站在上面就能够到了。

顺利完工后,孩子们非常开心。

分析评价

幼儿喜欢自主游戏,他们总能对自发进行的游戏保持持久的兴趣。在搭建宝塔的游戏中,幼儿的多方面能力得到了发展。他们在搭建过程中不断遇到问题,在解决问题的过程中幼儿的建构技能、创造性发展、解决问题的能力得到了很大程度的提高。游戏发起者哲哲,敢于挑战、不断创新,在宝塔一次又一次倒塌的情况下,仔细探究倒塌的原因,不断修复作品,并鼓舞同伴把游戏一步一步推向高潮。

《指南》指出:教师要做幼儿游戏学习活动的支持者,要充分利用一切可利用的教育契机,尊重、放手、支持幼儿的游戏发展。大班幼儿的游戏能力与水平有了很大程度的提高,同伴间的合作性游戏也越来越多,教师应给予幼儿更多的自主机会,锻炼幼儿独立解决问题的能力,从而促进游戏向更高水平发展。在搭建宝塔的游戏中,教师的尊重、放手,让幼儿在自主游戏中玩得畅快,各种能力也得到了不同程度的提高。

下一步支持

1.游戏结束后教师要积极组织幼儿对游戏中的表现进行讨论与分析,让孩子们互相学习同伴的经验。

2.在美工区开展"画一画宝塔",在语言区开展"说一说宝塔"等活动,扩大幼儿对宝塔的认知,建构出更多不同类型的作品。

山东省莘县实验幼儿园 张慧玲